2021 年度国家社会科学基金一般项目《中国古代家训中的阅读史料整理与研究》，项目编号：21BTQ018

古代版本学研究

高 田 著

中国商业出版社

图书在版编目（CIP）数据

古代版本学研究 / 高田著 . -- 北京：中国商业出版社，2021.10

ISBN 978-7-5208-1765-3

Ⅰ . ①古… Ⅱ . ①高… Ⅲ . ①古籍－版本学－研究－中国 Ⅳ . ① G256.22

中国版本图书馆 CIP 数据核字 (2021) 第 175846 号

责任编辑：侯　静　杜　辉

中国商业出版社出版发行
010-63180647　　www.c-cbook.com
（100053　北京广安门内报国寺 1 号）
新华书店经销
三河市明华印务有限公司印刷

710 毫米 ×1000 毫米　16 开　9.25 印张　184 千字
2021 年 10 月第 1 版　2021 年 10 月第 1 次印刷
定价：48.00 元

（如有印装质量问题可更换）

前　言

本书着力于古代版本学各个阶段前后关联的整体研究。古代版本学实际上前后关联，呈现出阶段性演进的版本学发展过程。人类社会出现之后，始终在不断地向前发展。先秦版本学、秦汉魏晋南北朝隋唐版本学、宋元版本学、明清版本学、民国版本学，每个阶段合乎时代特征的发展，也就是说古代版本学的发展表征社会存在的客观规律的演进。版本学因果相连的阶段性进步，正说明了社会的阶段性递进式的发展。

由此可知，历尽沧桑留存下来的古代文献是治学弥足珍贵的资源，作为文献承载的版本也是治学的关键因素之一。主要保存在图书馆的古籍是研究者所需的珍贵资料，我认为本书最后的图书馆古籍版本考证方法论也是研究者治学更加需要的方法论，这些方法论值得研究者学习研究。

目 录

第一章　先秦版本学

《管子》卷二“版法”，将版与法联系起来，可以说是最早的版本学概念，“版”由“板”而“法”的思路，一个是把有关秩序、制度的规定刻在板上，使其正式成文，能够起到约束于人的作用。一个是板片本身作为成文的“法”的承载，已经成为“法”的象征，即“板”有了顺序的意涵，“法”在变更，“板”在替换，“板”又有了次序的意涵，总之“法”赋予了“板”有序性，而让有序成为版本的最早，也是基本意涵，即最早的版本学概念。管子的这种观念源于对他所处的环境的理解，即远古时代由原始先民那里而来的有序性的延续。

原始先民从结绳开始了有序性，这是他们对其与自然、社会关系的理解，即他们通过有序的存在表达其与自然、社会关系的有序，自然、社会的客观规律性，都努力展现版本学的存在与发展。

第一节　原始观念中的版本学概念

一、结绳的有序

原始先民最早用结绳的方法记事，记事本身是先民有序观念的表达，它以结绳这种方式为媒介，所以结绳以形式特征带上了有序的内涵。可以说先民的所有生存活动而来的有序观念都通过结绳来表达。而有序性在先民那里表现为自然力观念、祖先观念、图腾观念，这些观念都通过占卜用结绳来表达。先民依靠自然力生存，作为自然力象征的太阳、月亮、风、雨、雷、电等自然现象都成为先民占卜其日常行事事项的对象。他们把对其与自然有序关系理解而来的日常生活安排的秩序集中于自然力的象征符号上。通过占卜把他们认为具有某种神秘力量的自然力符号所给予的启示，用结绳的形式记录下来。而这种启示本身是先民对他们日常活动秩序的记录。所以结绳具有形式特征的有序，是最早的“以版本为法”的版本学概念的表达，先民借助自然力象征符号的有序生活意识是“法”，结绳的形式是“板”，结绳以形式的有序成为最早的版本形式。

而结绳的版本意涵的有序包括多重意义，并不是单一的概念。日常生活的秩序是其一，而由祖先观念而来的延续，是有序的另一层意义。先民以氏族部落的组织形式生活，祖先是部落的首领，是他们生活的依靠。因为祖先的血脉延续是整个部落得以存在的根本，祖先在部落的权威在于一代一代延续的保证。由祖先而来的一代一代的氏族成员的血脉关系是由结绳来记录的，所以延续成为有序的另一个意涵。再者，先民的图腾观念是一种象征观念，用自然的物象表达其与自然关系的理解。因为这些物象多是动物、植物之类先民获取食物的来源，对它们的依靠让先民自然地把它们作为部落的象征符号，这些图腾符号用结绳记录下来，部落有序的结构性就成为有序的又一个意涵。由此，结绳因为原始先民原始观念而来的版本意涵，以秩序、延续、结构的有序性表达着最早的版本学概念。

版本作为信息承载的形式，以秩序整齐地把采集的信息有序排列，体现为形式上的有序。所以秩序整齐作为版本的应有意涵，把整齐的信息用整体用有序的形式表达出来，形式的有序特征成为版本的本质。此形式不仅是信息的外在承载媒介，更是信息的有序性的表达。所以形式本身带有有序的特质，或者说形式就是有序，而版本作为一种形式，是有序，且是信息的有序，所以不仅是外在的承载物，也是内在的信息有序集合。这对于后世的版本观念有重要的影响。

延续是版本的另一个意涵，延续即在历史的过程性，原始先民的血脉延续观念给予版本的是前后联系的时间顺序，单向的时间维度让版本作为信息的记录形式，也是单向发展的。前一个时间点的信息记录，不同于后一个时间点的信息记录，信息本身因为时间的不可重复，也是不可重复的，作为信息的承载，版本也是不可重复的。所以版本是有时间性的，时间点是不同版本的标志，时间的延续也使版本延续。版本的延续表达着因时间变化的信息的单向前进，信息因为时间的变化是版本延续的本质，即时间点的前后连接是版本延续特征的应有之义。所以后世的同书异本观念即由此而来，也就是说即使是同一内容因为时间的推移，它的信息也在单向变化，前一个时间点的信息和后一个时间点的信息是不同的，所以同一本书因为时间变化会出现不同的版本，书中信息的减少或增加使后出的版本肯定不同于前版，时间点成为不同版本的标志，版本发展的历史性成为重要的版本观念，版本的优劣比较也由此而来。

再者，结构作为版本的另一个重要意涵，组织成分的有序完整结构是版本形式特征的表达。后世的不同版本形式——竹简、抄写、木刻、活字都以其不同的版式表达着结构意涵。不同的书写形式，因为材料的特质与记录的信息特征的结合，而呈现不同的版式，版式的结构性是信息集合结构的印证。也就是说，信息因为不同的组成成分以不同的联系方式组成一个有序的完整结构，所以不同的信息集合的结构也是不一样的，版本作为信息集合的形式承载，也会有不同的结构。所以结构成为不同版本的标志，版式作为结构的形象表达，成为后世版本学家鉴定版本的重要依据。

二、陶文的表征

陶文是比结绳稍晚，也是更有效的记录方式，是另一种版本形式。因为原始先民发明了陶器，陶文成为记录日常活动的重要媒介。先民以氏族部落的形式存在，不同的部落都发明了用来记录事情的符号，先民把这些符号刻在陶器上，作为日常行事的备忘录。这些符号开始只是一些图像的描绘，后来渐渐变为抽象符号，这样可以记录更多的事情。而每一个符号都有固定的意义表征，所以陶文的记录是用表征的方法来完成的，陶文的版本意义即在有序的表征。

符号表征作为版本的重要意涵，即在说明版本形式的表征作用。陶文作为部落的记事符号，随着时间的推移会发生变化，即符号的形态表征的意义都在变化，这说明版本的表征形式也在变化。从结绳到陶文，到甲骨文，到竹简、抄写、木刻、活字，版本的表征形式因为时间的变化而发生变化，说明不同时间环境下信息因质与量的不同而有不同联系性，让承载它的形式材料发生了变化，版本的形式表征性能也在变化。所以形式表征成为后世版本鉴别的重要依据，比如纸发明之后，不同时代，不同地域，纸质的不同都成为版本时间、地点鉴别的依据。

从结绳到陶文，版本形式的变化，其意义都在以不同的媒介来记录，记录的有序是版本的应有意涵。无论是结绳的有序，还是陶文的表征，都是在以形式性的有序记录，来表达最早的版本概念。具有形式特征的记录，是版本的本质特征，也是版本的基本作用。记录是部落活动信息的整理，并以记录的方式反映部落的存在特征与发展趋向。原始先民的氏族部落开始是分散的状态，这从陶文的部落特征可以说明，不同的部落使用不同的记录符号，也出现了不同的陶文版本，带有不同部落特征的版本是社会分散特征的表达。后来氏族部落的兼并，把小部落整合成大部落，直至部落的统一，都会在版本的形式上表现出来。最明显的是陶文记录符号的趋同，统一的部落首领为了管理的方便，把不同的部落记录符号收集、整理，成为统一的符号记录系统，使正式的文字产生。而作为统一文字符号记录形式的甲骨文，是部落统一的表达。所以从结绳、陶文到甲骨文是在以版本形式的发展反映社会由分散到统一的趋向。

第二节　夏商神本观念中的版本学概念

一、甲骨文的整体

原始的部落统一的结果是夏商以国家的形式——奴隶制王朝建立。部落的原始观念也转变为夏商的神本观念。作为拥有王朝最高地位的君王以其能够通神的特异成为最高祭祀。王朝的所有大事活动都由君王通神的祭祀占卜来完成。原始观念中的自然神力变为具有人的形象的神，而君王的祭祀占卜正是按照神的指令来行事。占卜的结果会以甲骨文的形式记录下来，所以甲骨卜辞是夏商以神本观念为指导的当时历史的记录，而甲骨文的形式成为夏商神本观念的表征。神本观念以天神为指向的统一性是甲骨文的版本形式特征。

甲骨文作为成熟的文字系统，传统的六书的六种造字法与用字法都已具备。形象符号与抽象符号的结合、音与形的结合，使甲骨文成为立体的表意结构整体，也是记录信息的完整系统。由形象性到抽象性，外在的形象与内在的意义整合成一个意义整体，使甲骨文这种版本形式具有形象与意义相结合的整体特征。信息的内在意义与外在形式以不同的方式结合，即不同的信息意义与形式联系的不同，所表现出来的集合的结构特征的不同，使用不同的甲骨文的排列顺序来表达不同的意义。所以信息集合的不同结构呈现出来的不同的甲骨文组织形态，产生了最早的古文形式，也是最早的版本形式集合整体。

甲骨文随着时间的推移也在发生变化，字形由开始的构字部件不固定、异体字多，逐渐变为构字部件位置固定、写法趋同，减少异体字，甲骨文有了更统一的系统，也成为记录信息的统一版本形式，以版本统一的整体性回应夏商以神本观念为指导的统一的时代特征。而在甲骨文的变化过程中，以不同字形记录信息形成的不同版本则见证了夏商发展的不同阶段。而不同时段的甲骨文版本所具备的不同特征是按照时间的顺序延续向前的，这延续的整体是不同时段的社会特征前后联系而成的社会时间性发展的整体的反映。夏商各个时间段由不同社会活动表达的时间特征是由甲骨文以记录信息的版本形式来完成的。而具备时间特质的社会特征信息因为甲骨文的记录而呈现的不同版本形式，以版本的前后联系的时间性的集成整体表达社会发展的时间延续的整体性。

二、甲骨文的一而和

夏商的神本观念把所有的社会活动归结为神的指令下的行事，所以无论大的政治活动还是小的日常事务都是在神的指令下进行的，这一时期的社会活动是整齐划一的。祭祀是社会运行的驱动，以神本观念的形式表达保证社会的秩序。而祭祀以甲骨文的形式记录下来，因为要进行的活动性质与目的不同，祭祀的目标也不一样，由此祭祀的形式与内容也不同，祭祀所传达的信息也不同，甲骨文的记录也不同，以不同的版本形式表达社会活动的多样性。需要注意的是，社会活动虽然多样，但都是通过祭祀由天神的指令进行的，以天神为象征的神本观念把这些活动进行有序的安排，实际上是君王借助天神表达他的管理思想，管理本身是秩序化的，君王传达的神的指令也是秩序化的，多样的活动也是按照秩序化的指令来安排的。所以社会活动虽然很多，却都指向天神指令的中心，其围绕这个核心形成统一的整体。而甲骨文作为传达天神指令的祭祀的形式记录，把聚焦于祭祀的所有社会活动信息整合起来，也可以说甲骨文的记录是整理社会活动信息的过程，祭祀作为天神指令的象征，本身起到处理社会活动信息的作用，而作为祭祀的记录者，甲骨文以版本的形式表达社会活动信息的处理结果，即社会管理的一而和。

第三节　周礼乐观念中的版本学概念

一、《礼》的层级

夏商之后的周淡化了神本观念为指导的社会特征，由神治更倾向于人治，夏商的君王借助神的权威保证自己的权威，而周的君王则撤掉了这层面纱，以由己而下的血脉延续的以家族为核心的宗法观念来进行治理。宗法观念是用礼乐制度的方法来表达，即社会行为规范的制定形成礼的形式，所有的人、所有的社会活动都要遵守礼，乐作为施行礼的辅助，以乐律的情感熏陶让人自觉遵守礼。所以《礼》《乐》《书》的经典文献是在周出现的。《礼》《乐》以经典的形式保证礼乐制度的有序进行，也可以说是层级性的有序进行。礼的制度具有严密的层级性，以周王为核心有血脉联系的王族、贵族、士族、民众有严格的层级区分，而礼的主要内容是以制度性把这些层级规定下来，让它成为不可逾越的权威。《礼》以文献的形式把礼的制度记录下来，让礼的行使有本可依，也可以说《礼》以版本的形式表达了管子“以版为法”的观念，当然管子的“以版为法”是由原始观念中的版本学概念而来的版本观念发展的总结。

《礼》以版本的形式明确表达礼的层级性，层级保证了有序，层级也是有序的本质，《礼》的版本意义即在层级的有序性。《礼》作为制度的版本表达，以秩序实现礼的行为规范作用，而与整个周王朝相始终。周王朝在不同阶段的政治活动至日常活动的变化所需要的行为规范的变化都以制度的形式记录在《礼》当中，所以《礼》的内容也在变化，可以说在朝的专职官员在不断修订《礼》，以保证它在层级的规定性上充分发挥作用。所以《礼》随着时间的推移由前往后出现了不同的版本，而这些版本具有反映不同时段特征的层级性。社会治理以制度性的不断加强实现，而制度性的不断加强的层级性正是以《礼》的版本的层级性来表达的。可以说礼的制度的日益严苛，让《礼》的版本表现出程度日深的层级性。

二、《乐》的形象

《乐》是辅助《礼》行使制度性的文献，《礼》的行为规范性是通过《乐》的情感熏陶来实现的，即《礼》虽然具备行为的规范性，但并不足以充分发挥规范的作用，外在的规范是被动的，内在的自觉遵守才是能够使行为整齐的核心力。所以《礼》要达到的层级分明，需要《乐》的内在熏陶，从情感上认同这样的层级。所以《乐》作为层级实现的辅助，以乐律的形象性通过情感的媒介形成内在的自觉。《乐》以声律的形象起到的层级区分作用，也可以说《乐》通过对《礼》的层级性实现的辅助，而记录的层级信息，是以版本的形式表达它的形象性。即《乐》具有形式特征的版本在于它的形象性，即版本的形式具有形象的意义。《乐》的声律的形象性决定了版本的形象性，或者说版本形式的形象性。《乐》因为《礼》的内容变化而出现的版本变化，让《乐》的内容也在发生变化，声律的形象也在发生变化，版本的形式也在变化。即版本的形式意义因为形象的意涵、形象的变化促使了版本的变化。

无论是竹简，还是木刻，都会呈现形象，最明显的是版式的形象。而《乐》的版本形象是通过声律的形象以形式性体现出来，版本的形式最直接的表达是版式，形式的形象意义，可以通过版式表达出来。或者说不同的版式代表了不同的版本形式，使它有了不同的形象意义，也可以说版式的形象是不同版本的标志。《乐》是写在竹简上的，随着时间的推移，因为《礼》的内容的变化，《乐》的内容也在变化，声律的形象也在变化，随之作为书写形式的竹简的版式也需要变化。版式的形象变化决定了版本形式意义上的变化，也可以说版本形象上的变化是不同版本的应有之义，形象性是版本的标志。

三、《书》的反映

《书》是由周公旦编辑的，它把历代君王的社会治理理念记录下来，以警示当时在位的周王。所以《书》的目的在于由记录的事实反映现实，由记录印证事实，所以《书》的作用在于通过记录来印证，印证的意义在于反映，而作为《书》的记录的承载的版本以形式表达反映的意涵。版本的形式是记录的反映，由于记录的不同，形式的反映也不同，就会出现不同的版本。《书》随着时间的推移对不同时段君王的警示意义不同，君王对《书》的理解不同，《书》的记录的反映印证的意义和方式也不同，于是在反映的意义上有不同的版本。即《书》的内容的反映通过对君王理解的印证起作用，君王的理解不同，印证的作用也不同，反映的意义就不同，因为不同而出现相异的版本，所以反映成为版本的重要意涵，成为重要的版本概念。

反映是对应的印证，对应在记录与理解的一一对应，这样的对应因为时间的变化，在不同的时间点对应的意义也不同。即记录与理解的相互作用使对应随着时间的推移而发生变化，理解的动态让记录也随之成为动态的，记录的意义因为理解的不同而不同，对应的意义与方式因此不同，反映印证对应也出现了不同的结果，因此有了不同的版本，版本的意义依据记录内容由对应而来的动态变化，通过反映的印证来表达。

第四节　春秋战国士族观念中的版本学概念

一、经典而来的家族版本学概念

周末的衰落出现的是春秋战国的分散，分散让各阶层独立出来，从周层层固定的塔楼的相应位置独立出来，士子以独立的姿态出现在更广阔的社会空间中，形成独立的士族群。士族的思想成为诸侯国珍视的可用资源，促使士族学派的产生。儒家、道家、墨家是今人耳熟能详的士族学派。学派思想的传承通过集中表达学术的经典文献以师徒授受的方式进行，于是有了儒家的《论语》、道家的《道德经》、墨家的《墨子》。经典文献是学派思想的传承，以师徒授受表达它的意义，也以师徒授受表达学派的意义。学派因为师徒授受的存在，学派思想集合的经典文献是学派的学术保证，师徒授受的经典传承是学派得以延续发展的根本。所以，师徒授受的经典是学派的意义所在，也是它的存在形态。

经典通过师徒授受的延续性，是学派的本质，而延续的本质源于原始先民血脉延续的祖先崇拜的家族观念。学派之所以命名为“家”，即在延续的家族意义上。从原始社会开始血脉延续即是最基本的维系人际关系的方式，于是以血脉延续维系的家族是社会组织的基础。家族观念是最基本的社会观念，在任何时代、任何环境下都是如此。所以学派通过“家”的命名，以经典的师徒授受表达它的家族观念，因为家族观念的本质在延续，学派的存在与发展也在延续，家族观念的表达即是学派思想延续的表达，这是学派之所以成为学派的根本。学派要存在，要发展，必须以强大的学术思想与学术群为支撑，延续的时间性保证了学术成系统，师徒授受的学术群的形成。而这一切都以经典文献传承的方式来表达。经典的师徒授受通过思想与人两个核心因素，以延续的时间长度，形成与发展学术思想的系统和学术集合群。也就是说，学术思想的系统性与学术群的集合性都是家族观念的表达，或者说家族观念聚焦了它们，家族观念的聚集性是学术思想系统与学术群形成的条件，因此是学派的本质所在，而学派通过经典聚集这一本质（因为经典具有师徒授受的延续性，由此经典具有了家族观念），成为学派的标志。

而经典的延续会随着时间的推移而发生变化，即在不同时段因为环境的不同，师徒授受的意义与方式会发生变化，经典的意义也会发生变化，出现以时间为标志的不同版本。经典的延续也是经典版本的延续，版本赓续的发展是以形式的承载维系经典的延续，从这个意义上说它具备了延续性，具备了家族观念的本质，由此有了家族版本学的概念。家族版本学概念在于它的延续性，由于经典的版本的延续对学派的维系作用，由学派到经典再到版本而有了家族版本学概念。

二、经典而来的善本观

既然经典有家族版本学的意义，经典作为学派的核心要素，学派的代表人物自然会以经典表达他的版本学思想。孔子在《论语·子罕》中曾说："吾自卫反鲁，然后乐正，雅颂各得其所。"[①] 孔子恢复周礼的意愿促使他去整理《乐》，而《乐》经过周的漫长时代，到春秋几经更迭，早已失去原貌。孔子看到的《乐》从时间上是最晚的版本，为了看到周礼乐的原貌，孔子收集尽可能多的材料去修正《乐》，让今版尽量接近原版，而对原版的珍视产生了最早的善本观。孔子正乐，即是在不断地用材料考证今版的正确性，对它的内容增加或删减，尽可能地恢复《乐》原貌，可见原版的意义，孔子用"正"字表达他对原版的重视，也可以说正有了原版的意味，正成就了原版的重要性。

"正"字最基本的含义是正确，正确也是原版的标准，原版是文献的原貌，见证了文献产生之时的真实环境，这对于治学的基本原理考证来说是至关重要的，考证以正确为目的，而最初的面貌是正确性最高的，原初代表了正确，治学都需要看到原貌的原版。所以正因为正确的连接有了原初的含义，正以原版形成了善本观念。而经典文献作为学派的核心要素，其经典在于它的延续性，这延续需要高度的精准，所以经典有了精准的意味，以精准与原版联系起来，与善本联系起来，可以说，经典即是善本。需要注意的是，原版的善本意义不在于时间上的优势，而在于正确性上，时间的在前只是保证它的正确性的条件，并不是标准，标准在正确本身，

① 杨凤斌，译注．论语译注 [M]. 北京：北京大学出版社，2016 年，第 137 页．

可以说正确等同善本。孔子恢复周礼乐的原貌，目的是以正确的行为规范维护社会秩序，周礼乐的意义在于它的正确，而不是时间顺序的在前，至少在孔子所处的战乱年代周礼乐作为恢复社会秩序的方法是正确的，所以《乐》的原版是重要的，不在时间顺序，在它见证周真实环境的原貌，《乐》的原版的善本在于它的正确性，以“正”为善本。

这也是原版丢失，治学者努力收集材料修正现有版本，去接近原版的原因，不在原版的时间顺序，在正确性。治学者修正的目的在尽可能地接近正确，因为历史的单向性，使它是不可重复的，历史中的真实环境不可复制，谁也无法亲眼看到，要做的是接近原貌，接近正确。修正是接近正确的最有效方法，修正版本就是在接近正确，因为原版不可复制，经过修正的版本因为接近正确，而成为善本。所以后世版本学家重视名家校订的版本，因为名家校订本的正确性高。于是“正”又有了修正的意味，以修正连接善本观。于是孔子在整理经典《春秋》时表达了这样的善本观。《春秋公羊传·昭公十二年》曰：“‘伯于阳者’何？‘公子阳生’也。子曰：‘我乃知之矣。’在侧者曰：‘子苟知之，何以不革？’曰：‘如尔所不知何。’”[①] 这里说明孔子在整理《春秋》时，看到了其中的错误，但没有轻易修改，是为了让后人知道修正版本的方法，后人也能够看到这些错误，知道修正的重要性，并对修正抱着谨慎的态度，不任意推断，因为修正犯更大的错误，适得其反。所以何休《解诂》曰：“此夫子欲为后

① （东汉）何休，解诂．春秋公羊传解诂 [M]. 北京：北京图书馆出版社，2003 年，第 245 页．

人法，不欲令人妄亿错。子绝四：毋意，毋必，毋固，毋我。”[①]孔子是要通过这样的事例警示后人修正的重要与不易，不能主观臆断，轻易下结论，要尽量收集资料去考证，用事实证明正确性，考证是最有效的方法，它以事实为依据进行逻辑严密的分析，从实际到方法保证修正的正确性。所以历代版本学家都重视名家的校订本，在于名家借助大量的材料，以事实为基础用严密的逻辑去分析，得出正确性高的结论。

另外，以经典传承学派的治学还在对经典文献的阐释，阐释使经典产生了不同的版本。阐释者对经典的不同理解出现了不同的阐释内容，阐释是经典的附属，也是它的重要组成部分。阐释使经典的意义延展，是时间上与空间上的延展。学派的师徒授受是以经典的阐释开始的，阐释首先是时间上的延展，师傅对弟子的传授以阐释从时间上延展经典，而在特定时间点师傅对多个弟子的传授，出现的弟子之间的阐释性交流，是经典在空间上的延展。经典的时空的延展是学派延续的必需，而由此产生了经典的延展性版本。各学派对经典的阐释使各学派都有经有传，传是对经的阐释，也因为阐释使经典有了不同的版本。孔子对儒家六经的整理都是对经的阐释，经典产生的异本。从另一个角度说，阐释是对经典意义的增益，因为时间的变化而来的环境的变化，让经典的意义出现缺失，不是经典本身的缺失，是环境需要的变化造成的经典的缺失，这需要阐释去弥补。也可以说，阐释在修正经典，以正确性的提高使它不会失去经典的意义，或者说经典的不断更新保证了它的经典性。从这个意义上说，经典阐释产生的版本也

① （东汉）何休，解诂．春秋公羊传解诂 [M]. 北京：北京图书馆出版社，2003 年，第 245 页．

是善本，因为阐释予以版本正确性。

对于阐释，孔子的观点是“述而不作”，即依据经典的依经立意。经典本身是依据，阐释是不能离开经典本身的，阐释是经典的延续，师徒授受是通过阐释延续经典保证学派的存在。从这个角度说，阐释以延续让经典的版本变化，延续性的变化是经典版本的应有之义，延续性发挥了版本的家族观念内涵，而阐释的延续让经典的正确性提高，以经典为据，使家族版本学的概念有了正确性的内涵，家族版本学概念成为善本观的构成因素。由经典到阐释再到家族观念，经典阐释的版本，以延续性的家族观念成就了经典的善本观。经典以阐释在延续过程中保证版本的正确性，可以说，延续的家族观念以正确性成为善本观。

三、经典而来的动态版本观

经典的师徒授受还在于对经典结构的研究，师傅以经典对弟子传授学派思想时，因为经典是学派思想的依据，师傅格外重视经典的内容与形式，师傅对经典文本的分析，是从内容到形式的，分析过程中从内容到形式的成分师傅都是一一解释。而随着时间的推移，经典的延续过程中由于阐释的增加，让经典的内容与形式都发生变化，或者说经典的成分在增加，规模在扩大。师傅对经典文本的分析因为时间的延续以阐释的形式扩大经典的规模，让经典以结构的变化发生版本的变化。道家的《道德经》分为《道》与《德》两部分，应该不是同时产生的，老子在以经典传授学派思想时，刚开始时是对《道》的分析，阐释的思想多了，内容增加，在《道》的基础上增加《德》，把《道经》扩充为《道德经》，经典的版本就有了变化，由《道》的版本到《道德经》的版本，有了版本扩充的意涵。庄子的《庄子》

有《内篇》和《外篇》，同样是以经典文本的师徒授受，对老子思想的承袭与发展。庄子在接受老子的思想时，以《庄子》表达他对老子思想的接受与发展，刚开始时应该只有《内篇》，随着时间的推移，庄子对老子的思想研究日深，《内篇》扩展为《内篇》和《外篇》，《庄子》的版本发生了变化，版本在扩充。

无论是《道德经》还是《庄子》，它的版本因为经典文本分析，师傅对弟子通过文本的阐释传授思想，阐释的时间延续扩充了经典的内容，出现了扩充的经典版本。《道德经》由《道》到《道》和《德》，是因为老子在传授学派思想时以阐释扩充版本，时间延续的阐释以经典内容的增加，使经典的版本有了扩充版。《庄子》由《内篇》到《内篇》和《外篇》，是因为庄子对老子的思想接受时，同样以阐释的方式增益经典，于是有了版本的扩充。所以无论是《道德经》还是《庄子》，经典的版本扩充是师徒授受的学派延续的表达。由此，版本扩充是延续性的表达，且是家族观念延续性的表达，所以版本扩充有了家族观念的意味，版本扩充是家族版本学概念的组成意义。而版本扩充的延续性以随着时间的推移经典意义的发展表达它的家族版本学意涵。依据经典意义发展的延续性，版本扩充的意义即在此，版本扩充是学派通过学术思想的传承维系学派的表达，扩充本身即在延续，以经典意义的增益表达延续的价值。延续是以时间为维度的，可以说延续是时间长度，扩充也在时间长度上，以经典意义的增加通过时间长度表达它的意义，这也是版本扩充的意涵所在。

由此版本扩充的本质是动态的，扩充是一个动态的概念，时间的延续是动态的根源，随时间的变化而来的版本扩充也是变化的，变化即是动态，版本扩充在于它的变化，经典意义不断增加的变化。《道德经》由《道》到《道》

和《德》的扩充，《庄子》由《内篇》到《内篇》和《外篇》的扩充，都是版本的动态扩充，表达学派思想以经典延续维系学派动态存在的意义。经典延续的时间动态产生的变化的结果是学派的发展，这即是版本扩充的动态意义。

以经典为据的版本观念无论是家族版本学概念，还是善本观、动态版本观都是在以经典为标志回应春秋战国的分散时代特征，经典作为学派的标志表达了学派分立的分散特征，而学派以经典延续的努力维系学派的存在，延续具有的家族观念聚集性以版本观做着由分散到统一的努力。

第二章　秦汉、魏晋南北朝、隋唐版本学

这个阶段要分为秦汉、魏晋南北朝、隋唐三个时期。因为它们是递进式演变的。秦汉版本学，因为分散到统一的呈现，以儒家经学的统一性为媒介表达它对时代特征的回应。秦代儒学的存在与发展，汉代儒学以经学形式统一性的表达，决定了秦汉版本学的时代本质。经学治理的家世相传，产生的家族版本学实绩可以证明家族版本学对这一时期版本学关系特征的意义。

承接秦汉而来的是魏晋南北朝版本学，其由秦汉的统一到分散，使这个时期一直在作着从分散中寻求统一的努力。这一时期，家族观念的发展，层级性区分的明确，使家族版本学的特征也在发生新变，不可避免地影响版本学的整体特征。另外，儒学、道教、佛教三教融合下玄学思辨的治学方法也在影响版本学的治学方法。

接下来承接魏晋南北朝版本学而来的隋唐版本学，由分散又呈现的统一，让这一时期的版本学带上了这样的特征。且隋唐作为上古到近古的过渡阶段，也带上了由上古到近古关系转化的特征。隋唐版本学在统一的特

征下，对之前版本学的总结，是这一时期版本学的最大成绩。另外，家族版本学也是这一时期版本学的重要部分。家族因为上古到中古的过渡，其组织形式更密集。家族版本学因这样的时代特征对这一时期版本学关系的转化具有重要意义。

第一节　秦汉版本学

一、秦代版本学

秦代的统一虽然短暂，但是具有春秋战国的分散到秦统一的积极意义。秦因为极端的专制统治葬送了它的前途，最明显的表现是思想的专制，秦的政策是不允许民间治学，之前各学派的经典文献只存在于朝廷内府，只有在朝的官员和学者可以治学。这虽然违背了民间治学的合理需要，但从另一个层面上来说促使了治学的集中，即对统一的时代特征的回应。秦代的儒学虽然还没有以经学的形式存在，但也代表了各学派治学的特点。在朝的儒家学者依据内府丰富的经典文献资源治学，也依据经典形成了自己的版本学理念。

朝廷内府的经典文献都是精良的版本，儒者对这些版本的认识也很深刻，内府的经典版本具有正确性高的完整性，它的完整在经典文献的各个优良版本中都存在。优良代表了精准，各个版本的完整从完整性上促成了精准度的提高，精准度的提高又促成了精良的版本，精准与完整成为精本的核心要素，它们相互作用成就了精本。即完整以促成精准度的提高表达准确性，精准也以促成完整表达准确性，完整与精准的相互作用指向的准确性是精本的标志，因为精准的完整从质上和量上保证了精本的准确意义，也可以说，由精准到完整所包含的准确性是精本的根本。所以完整因为精准有了准确的意义，精本指向了完整。

儒者治学需要的是精本，在于它的完整性，从质到量的完整，所以儒者有了完整性的版本观。这是对统一的时代环境的回应，也是在此环境中的真实感受。专制的制度到专制的思想虽然有极端的弊端，但也具有集中的完整性。专制的环境让内府能有尽可能多的精本，促成经典的完整，儒者身处其中既是完整的受益者，也是完整的表达者，即是他的完整性的版本观。

另外，专制的集中促成了秦对文字的统一，小篆是秦通行的文字，自然经典文献是用小篆写成，虽然经典有不同的版本，但字体是一致的，从形式上体现了版本的整体性，于是有了整体的版本观。春秋战国各个诸侯国使用的文字不同，使经典的书写形式多样，形式相异的版本造成交流的障碍，各诸侯国的儒者因为文字相异的版本出现了治学交流的困难。学术需要交流的整体环境，而文字相异的版本破坏了环境的整体，让儒者无法充分地交流。所以他们认识到整体的重要性，文字统一的整体形式成为版本的重要观念。而秦的环境恰恰可以让文字统一，形成整体的版本形式，实现整体的版本观。

二、汉代版本学

秦短暂统一之后是汉的统一，汉的统一接受秦的极端专制带来的后果，用的是从朝廷到民间的统一政策，不仅是社会治理上的整齐划一，也是思想上的整齐划一，方法是从朝廷到民间治学的整齐划一，以官方的治学指导民间的治学，民间的治学是官方治学的不足与表达。所以从汉初就有文献整理的政策，官方收集民间藏书与官方藏书相印证，以更加有利的条件治学。于是官方的经典版本与民间版本成了经典的异本，有了经典官方本与民间本的概念。官方本与民间本相互作用，民间本是官方本的补充与延展，官方本因为民间本的增益拓展经典的意义，民间本对官方本的借鉴从完整性上拓展经典的意义。即官方本与民间本相互作用从时间的长度与空间的广度上对经典的意义增益，而官方本与民间本，从上到下的规范与从下到上的补充，使官方本与民间本以经典为连接成为一个整体，并且是经典性不断增益的动态整体。其动态性是通过时间长度上与空间上的纵向与横向的延展的不断扩大，依据经典不断增加版本的意义，官方版与民间版联系方式的动态变化的延展，官方版与民间版的异本意义也在此。

（一）刘向的版本学思想

刘向与刘歆作为汉代版本学的代表人物，以前后相承的延续成为汉文献整理的组织者。刘向在整理经典文献的过程中，把他由整理文献而来的版本学思想记录在《别录》中，刘歆承袭刘向的思想并进行增益而成《七略》。刘向在《别录》中对所整理经典的结构进行分析，依据先秦各学派的治学方法，即对阐释的解读，来表达他的版本学思想。六艺与诸子的区分，是因为先秦的六部经典文献到汉已成为儒家经学的经典，儒者对六部经典的阐释出现了以经典为据的不同版本，所以六艺是儒家经学的版本概念表达，即六部经典的异本是儒经治学的依据，由此形成了儒经的版本概念，六艺是这一版本概念的表达。即六艺与诸子的区分是因为儒经在汉的典范性已与其他各派有了质的不同，六艺即是典范性的表达，而六经的版本具有典范的意义，刘向以六艺命名六经，即是表达六经版本的典范性。

继刘向《别录》之后是刘歆的《七略》，《七略》把《别录》的思想进一步发展，也对六艺的版本典范性进一步表达。虽然《别录》《七略》已亡，《汉书·艺文志》却辑出了它们的内容，《六艺略》与《诸子略》是《汉志》中的说明，但完全是《别录》与《七略》的思想。

从历史事实分析，《别录》与《七略》在六艺与诸子等经典的结构上的观念并不完全相同。《别录》对各学派经典的结构的思想是儒学是经典示范，诸子以学派存在，但儒学并没失去学派的意义，所以《别录》并没有《六艺略》与《诸子略》的说法，把六艺与诸子看成没有联系的两种，而只是以六艺与诸子的区分，说明六艺作为儒经经典的版本示范性，也就是说儒经仍具有学派的意义，区别在于它是典范，具有社会思想的统一性，是官方思想，而诸子是民间的学派思想。从这个角度，六艺作为儒经经典是官方版，诸子经典是民间版，而之所以六艺、诸子前后排列，在于六艺官方版的示范性，对诸子民间版的规范，诸子民间版是对六艺官方版的补充，以这样的相互作用形成版本的整体，即由版本的示范性，到版本的官方与民间的统一整体。官方版具有示范与规范双重属性，由示范性规范民间版，民间版对官方版的补充使官方版的意义增加，从这个角度成为官方版的组成部分，实现官方版与民间版的统一整体。这是刘向通过自己对儒经与诸子关系的认识表达的版本观。

（二）刘歆的版本学思想

刘歆的《七略》承《别录》而来，但又与《别录》不同，《别录》只有六艺与诸子的区分，没有《六艺略》与《诸子略》的说法，《七略》之所以称为《七略》在于略的系统意义，也就是说《六艺略》与《诸子略》是两个不同的系统，“六艺略”代表了儒经的系统，《诸子略》代表了诸子学派的系统。儒经已没有学派的意义，只有经学的统一的意义。诸子学派只是学术思想，在学术的意义上，是经学的辅助。而在社会思想的意义上，经学具有官方的政治性。诸子有的是民间性，经学的官方性指导诸子的民间性。指导以政治性决定六艺版本与诸子版本有了指导与从属的关系。六艺版本与诸子版本是两个系统。系统的意义在于它的政治性，即六艺版本与诸子版本是指导与被指导的关系。从这个意义上说，刘歆以六艺版本与诸子版本表达了官方版与民间版的相关关系的版本学主张。

刘歆《七略》的版本思想也在他处的学术环境，今文经学的衰落，让他提出了今文经学与古文经学的相争主张。《汉书 · 刘歆传》："《逸礼》有三十九，《书》十六篇……及《春秋》左氏丘明所修，皆古文旧书……传与民间，则有鲁国桓公、赵国贯公、胶东庸生之遗学与此同。"[①] 可以看出刘歆主张以民间的古文经弥补今文经，今文经用隶书写成，古文经用的是先秦的古文字，古文经体现的是先秦的治学思想，因为时间的在前，接近学派的原貌，可以弥补今文经的不足。今文经由于长时间的官方使用有了极端的倾向，今文本变得虚空不实，而古文本立足民间的学派现实正可以补足今文本的缺点。古文本的逻辑严密与内容充实得益于先秦学派的扎实的治学，儒家经学在先秦以学派的形式存在，有自由的治学空间，来自现实的问题让儒者有真实的感受，也有了深刻的思想，所以学派有了真知灼见的思想主张，形成深厚的思想系统。来自先秦学派的古文本自然是以思想的密集而有着厚重感。古文本对今文本来说，不仅是补充，更是修

① （汉）班固撰，（唐）颜师古，注 . 汉书 · 二十四史 [M]. 北京：中华书局，1999 年，第 1527 页 .

正。当儒经以今文经的形式出现极端的倾向，它的官方政治性所有的指导性减弱，今文本的经典示范性与规范性也大打折扣，不仅不能对来自民间的古文本起到示范性规范作用，反而是虚空带来的不良影响。而实际上古文本与今文本相比则更因为它的厚实具备了示范性规范作用。古文本以厚实而有的经典性使它更有资格去示范，去用示范性规范今文本。刘歆提出以古文本修正今文本，是他看到了古文本的厚实性，能起到今文本所应该起到而没能起到的示范性规范作用。既然今文本已经不具备以示范性作为官方版本的条件，古文本是可以因其已经具备示范性成为官方版本。官方版本与民间版本的区分不在于谁在官方谁在民间，今文本是在朝廷内府的，但当它失去示范性的规范意义，它的官方版本意义也就不复存在，所以官方版本的意义在于它能够起到统一的作用，是当之无愧的社会思想主导。既然古文本有示范性的规范条件，自然能起到统一的作用，成为官方版本。正因为刘歆看到了这一点，所以有了古文经与今文经相争的思想，让古文本成为官方版本，修正今文本的不足。

在当时的环境中，古文本对今文本的修正是因为今文本的虚空、不符合现实，刘歆的主张是想用古文本弥补今文本的虚空之处，或者说通过不断修正让今文本减少虚空的错误，更准确，接近现实。古文本与今文本相争的出发点在于通过交流修正今文本，相争的目的不是斗争，是交流中的促进。古文本能通过修正使今文本提高以经典为据的示范性，目的也就达到了。所以古文本对今文本的修正是为了以异本的不同给僵化的今文本带来动力，异本的动态性是版本存在与发展的源泉，也是重要的版本学观念，刘歆的古文本与今文本相争，正是这一观念的表达。

从刘向的版本学思想到刘歆的版本学思想，是前后延续的，刘歆整理文献是子承父业，刘向整理文献未完即去世，汉帝把余下的任务交给刘歆，是汉帝因为他所处的环境是接续先秦血脉延续的家族观念，延续性的家族观念由先秦的奴隶社会到秦汉的封建社会是在加强而不是减弱，封建专制需要的是更为密集的社会秩序，而家族观念的延续性是具有聚集性的，所以家族观念在汉是非常浓郁的，作为君王的汉帝当然是代表人物。刘向与刘歆也有浓郁的家族观念，刘向自然会把他的治学传授给刘歆，刘歆也会把刘向的学术进一步发展，成为家学的合格传承者。汉帝深知这一点，所以会把刘向未完的任务交给刘歆。刘歆从刘向那里承袭了整理文献的思想，自然包括版本学思想。所以从《别录》到《七略》可以说是家族版本学的传承。这传承不仅是继承，也是发展。《别录》与《七略》因为所处的时段不同，版本学思想是有差异的，或者说是有发展的。时段不同产生的环境不同最明显的表现是儒经的变化，所以依此《别录》到《七略》的版本学思想也会变化，是向前发展的变化，以家学的形式表达出来。《别录》到《七略》的版本学思想发展是传承的意义的承载，继承并发展，是家族版本学延续性的表达。

（三）班固的版本学思想

《别录》与《七略》皆亡，班固辑出《汉志》，是刘向到刘歆版本学思想的保存者，也是对他们版本学思想的认同者。从西汉到东汉儒经已发生了很大的变化，今文经的极端发展彻底谶纬化了，古文经并没能阻止今文本的极端倾向。东汉的思想环境并不乐观，面对这样的环境，班固有深刻的认识，他需要做的是认同刘向、刘歆的版本学思想，以及依据这样的版本学思想对文献整理所做的努力。班固深知文献整理的重要性，在东汉并不乐观的思想环境中更是如此，而文献整理依据的版本学思想至关重要。

班固对刘向、刘歆版本学思想的认同即在其对文献整理起到的作用。班固在《汉志》序言中说："昔仲尼没而微言绝，七十子丧而大义乖。故《春秋》分为五，《诗》分为四，《易》有数家之传。战国从衡，真伪分争，诸子之言纷然肴乱。至秦患之，乃燔灭文章，以愚黔首。汉兴，改秦之败，大收篇籍，广开献书之路。迄孝武世，书缺简脱，礼坏乐崩，皇上喟然而称曰：'朕甚悯焉！'于是建藏书之策，置写书之官，下及诸子传说，皆充秘府。"[①]可见班固通过对从汉初开始的文献整理情况的说明，表达了文献整理的重要性。汉之所以重视文献整理，是因为秦的政策使官方文献与民间文献分离，秦只重视文献的官方版本，不重视民间版本，使官方版本因为民间版本补充的缺失，失去了版本的完整性。汉鉴于此，从民间大量收集文献，补足官方文献，于是民间版本成为官方版本的给养，不断地向官方输送新的版本。因为民间版本处于广阔的社会空间中，动态的存在让它可以不断产生新的版本，官方版本被限制在固定的空间里，没有动态性的驱动，也就不能自我拓展，需要民间版本的补足。官方版本因为民间版本的不断输送，从质上到量上扩充，进行拓展，形成庞大的系统。民间版本进入官方成为官方版本是民间版本的走向，成为这个庞大系统的组成，所以这个庞大系统的意义不在于它是官方版本，而在于民间版本补足官方版本形成的动态存在，从民间版本、官方版本两方面说明这个版本系统的完整，回应汉统一的时代特征。班固对此深有认识，对从汉初开始文献整理情况的说明表达了这一版本学思想。

---

① （汉）班固撰，（唐）颜师古，注 . 汉书 · 二十四史 [M]. 北京：中华书局，1999 年，第 324 页 .

并且通过对刘向、刘歆依据文献整理表达的版本学思想的认同，进一步深化官方版本与民间版本联系生成的版本学思想。“至成帝时，以书颇散亡，使谒者陈农求遗书于天下。诏光禄大夫刘向校经传、诸子、诗赋，步兵校尉任宏校兵书，太史令尹咸校数术，侍医李柱国校方技。每一书已，向辄条其篇目，撮其旨意，录而奏之。会向卒，哀帝复使向子侍中奉车都尉歆卒父业。歆于是总群书而奏其《七略》，故有《辑略》，有《六艺略》，有《诸子略》，有《诗赋略》，有《兵书略》，有《术数略》，有《方技略》。今删其要，以备篇籍。”（《汉志》序）[①]刘向把整理文献的结果用《别录》著录出来，“向辄条其篇目，撮其旨意”，把所整理的文献的版本厘清顺序，以有序的版本说明文献整理的意义。汉整理文献多从民间收集材料，这是从汉初而来的传统，官方版本没有自我拓展的驱动力，从汉初到成帝时官方版本“以书颇散亡”，即是明证，于是“使谒者陈农求遗书于天下”，从民间收集文献，以民间版本弥补官方版本的缺失，以民间版本充实官方版本，且是不断地由民间向官方输送，成帝之时的西汉到班固所处的东汉，在这么长的时间里，文献的整理没有间断，不断地用民间版本充实官方版本，使官方版本因为民间版本的不断补充，不会因为没有给养而枯竭，出现“以书颇散亡”的情况。所以到班固之时，文献整理已经取得了丰硕的成果，让班固必须辑出《别录》《七略》的内容，以其版本学思想说明文献整理的意义。班固通过对刘向、刘歆版本学思想的认同，说明官方版本与民间版本联系而成的整体是汉版本学思想的核心表达。

---

① （汉）班固撰，（唐）颜师古，注．汉书·二十四史 [M]. 北京：中华书局，1999 年，第 324 页．

汉代的版本学思想以其西汉到东汉的时间长度回应统一的时代特征，完善秦代版本学只在官方没有民间的缺失，以版本学完整性的提高通过回应的方式深化统一的时代特征。

第二节　魏晋南北朝版本学

一、三国魏版本学

三国魏是汉末一分为三的时代，又由统一到分散，使这一时代一直在作趋向统一的努力。魏王曹操作为这一时代的代表人物与关键人物，当然是趋向统一的主张者，并在行动上作着趋向统一的努力，他对学术思想的重视是趋向统一的焦点表达。所以儒经在魏是以革新的面貌出现，学者对儒经改革挽救今文经的衰败局面，让儒经能重新起到维系统一的作用，所以儒经在魏的存在不是单一的形式，具有与其他思想相互作用的多重属性，道家思想与佛教方式为儒经所用，出现玄学的新学术，虽然玄学的发展最终以道家的天道为本，但它的出发点在儒经，儒经是依据，是基础，玄学是儒经的形式，儒经通过玄学的形式起作用，趋向统一的作用，由此有了更多统一性质的思想。儒经经典被重新解读，阐释更深刻的统一意涵。统一意义的深入使魏的治经出现更多以深刻的统一意涵为根本的版本，版本在魏是以统一为标志的，经典的统一思想的阐发是定义版本的依据，对统一意义阐释方式的不同，出现不同的版本，所以魏的版本观念在统一性。

（一）以统一性版本观为核心的曹操的版本学思想

魏王曹操是这一版本学思想的表达者。《三国志·魏书》曹操传记载："昔黄帝受命，风后受河图；舜、禹有天下，凤凰翔，洛出书；汤之王，白鸟为符；文王为西伯，赤鸟御丹书……且易曰：'天垂象，见吉凶，圣人则之；河出图，洛出书，圣人效之。'以为天文因人而变，至于河洛之书，著于洪范，则殷、周效而用之矣。……斯言诚帝王之明符，天道之大要也。是以由德应录者代兴于前，失道数尽者迭废于后。……且闻尧禅重华，举其克谐之德，舜授文命，采其齐圣之美，犹咨四岳，上观璇玑。……诏曰：'昔仲尼资大圣之才，怀帝王之器，当衰周之末，无受命之运，在鲁卫之朝，教化乎洙、泗之上，凄凄焉，遑遑焉，欲区已以存道，贬身以救世，于时王公莫能用之，乃退考五代之礼，修素王之事，因鲁史而制春秋，就太师而正雅颂，俾千载之后，莫不宗其文以述作，仰其圣以成谋。'"[①]可见，曹操以《易》经中的八卦符号说明他的版本学思想。八卦符号作为《易》经思想的依据，由八卦符号而来的河洛之书是君王受命于天的象征。这里的天即天道，儒经的天道观的表达。天道是自然、社会客观规律，遵循自然、社会客观规律的君王才能称之为君王，河洛之书表达的就是这个思想，说明君王之贤在于顺应天道，而天道运行的意义在于自然社会的和谐统一。从这个意义上说，河洛之书是统一性的表达。河洛之书象征的君王受命于天在于君王努力于趋向统一，河洛之书可以说是表达统一的最早版本。而孔子是以经典发展这个最早版本的人。曹操在"诏曰"里明确表

① （晋）陈寿撰，（南朝宋）裴松之，注．三国志·二十四史 [M]. 北京：中华书局，1999 年，第 47 页．

达了这一版本学思想。孔子用经典发展河洛之书的版本，以经典文献的整理印证河洛之书的意义，也就是以经典印证河洛之书的版本，而成为河洛之书之后以经典形式而成的第一版本，也就是说河洛之书是原版本，经典是印证它的第一版本。而曹操在曹魏之世，以孔子的经典第一版本为宗，“宗其文以述作”，通过经典阐释的方式发展这一版本，也是在发展它的统一性，由此回应趋向统一的时代特征。

（二）以统一性版本观为核心的士子的版本学思想

曹魏之世的学者因曹操的代表性影响，也在表达并发展这一版本学思想。王朗与王肃父子以家族版本学的延续来发展这一版本学思想。《三国志·魏书十三》记载：“王朗，字景兴，东海郯人也。以通经，拜郎中。子肃字，子雍，年十八，从宋忠读太玄，更为之解。初肃善贾、马之学，而不好郑氏，采会同异为尚书、诗、论语、三礼、左氏解，乃撰定父朗所作《易传》，皆列于学官，其所论驳朝廷典制、郊祀、宗庙、丧纪，轻重凡百余篇。时乐安孙叔然受学郑玄之门，人称东州大儒……肃集圣证论以讥短玄，叔然驳而释之，乃作周易、春秋例、毛诗、礼记、春秋三传，国语、尔雅诸注，又著书十余篇。自魏初征士敦煌周生烈，明帝时大司农弘农、董遇等亦历法经传，颇传于世。”[①] 王朗出身世代治经胡士子家族，精于治经。通过经典阐释的方式表达他的版本学理念，即用阐释在印证孔子的第一版本，通过经典意义的拓展，发展第一版本的统一性意义。子王肃在这样的家族环境中，以治经为务，传承王朗的版本学思想，延续他的发展第

① （晋）陈寿撰，（南朝宋）裴松之，注 . 三国志·二十四史 [M]. 北京：中华书局，1999 年，第 310 页 .

一版本统一性的版本学思想。王肃对经典“采会同异”，即是把阐释经典的异本进行比较，总结它们的异同之处，把它们印证经典的精准意义集中起来，再以自己的思想进一步阐释，发展第一版本统一性，以自己阐释产生的印证版本作为发展第一版本统一性的结果，也是第一版本的延续性版本。且王肃校订王朗所作《易传》，“乃撰定父朗所作”，让《易传》的校订本“列于学官”，校订本是由经典阐释产生的，是第一版本统一性的发展，而“列于学官”的传播，是进一步的发展。而王肃的“集圣证论”是通过家学版本以阐释方式的再论证，延续家学版本，也是在发展第一版本的统一性。从这个意义上说，家学版本的延续是第一版本统一性的延续，以这样的方式，也就是说阐释版本的不断出现，是在不断印证第一版本，把第一版本的统一性在更广阔的时空中进行拓展，去回应趋向统一的时代特征。而家学版本以统一性与第一版本的连接把家族版本学与统一性的版本观联系起来，让家族版本学成为这一版本观的表达者与拓展者，并以家族版本学的延续性保证第一版本统一性的延续。

隗禧也是曹魏时精于治经的学者，对于经典阐释的深刻理解让他同样是版本学家，像王肃一样有努力于趋向统一的志气，同样有统一性的版本观。《三国志·魏书十三》隗禧传记载：“隗禧既明经，又善星官，常仰瞻天文叹息，谓鱼豢曰：‘天下兵戈尚犹未息，如之何？’……豢因从问诗，禧说齐、韩、鲁、毛四家义，不复执文，有如讽诵。鱼豢曰：‘学之资于人，其犹蓝之染乎素乎！’故虽仲尼，独曰‘吾非生而知之者’，况凡品哉！且世人所以不贵学者，必见夫有‘诵诗三百而不能专对于四方’故也。余以为是则下科耳，不当顾中庸以上，材质适等，而加之以文乎！今此数贤者，略余之所识也，检其事能，诚不多也。但以守学不辍，乃上为帝王所嘉，下为国家名儒，非由学乎？”[①] 隗禧精于治学，“守学不辍”，有才能，有远识，通过对治经方式的深刻理解，让他有了自己的版本学观念。治经时的逻辑严密，阐释的延展，都以经典的连接成为版本观。也可以说，逻辑严密与延展是版本优劣的衡量方式。逻辑严密是版本质量的要素，经典的意义在一个层面上即是严密性，严密是密集的聚焦，向一个点的密集地聚集，经典即是聚焦一个点的密集性，这是经典之所以为经典的所在，儒经的经典意义即在此。经典阐释就是表达聚焦儒经这个点的密集，或者说是在形成密集，而经典阐释产生的版本正具有密集的意义，以密集表达它的版本内涵，把经典的意义扩大的密集性版本。在这个角度上，密集与延展联系起来，延展是密集的一个意义层面的拓展，也可以说延展是密集的一个层面上的意义，所以密集与延展依据经典成为优良版本的意涵，也是标准。“不当顾中庸以上，材质适等，而加之以文乎！”即是这一版本观的表达，“加之以文”就是经典阐释的密集与延展的说明，是密集性版本的产生，密集性版本是经典的拓展，是以延展的方式促成经典意义的密集，所以密集性版本是优良的版本，这是隗禧表达的善本观。以这样的善本观表达发展第一版本统一性的意义，即善本的标准是第一版本统一性，因为第一版本统一性具有经典的密集性，善本的密集性既是这样的密集性，也因为这样的密集性成为善本，成为趋向统一的时代特征的表达。

---

① （晋）陈寿撰，（南朝宋）裴松之，注．三国志·二十四史 [M]. 北京：中华书局，1999 年，第 316 页．

另外，作为建安七子的王粲等人虽以文学名，也是以治经为基础的，经学的素养让他们有和王肃、隗禧同样的以趋向统一的时代特征为目的的版本观。且王粲等人以建安七子的群体表达他们对具有时代特征的版本学思想的体悟，也可以说，他们的版本学思想是具有群体特征的。《三国志·魏书二十一》王粲传记载："王粲，字仲宣，山阳高平人也。曾祖父龚，祖父畅，皆为汉三公。父谦，为大将军何进长史。……献帝西迁，粲徙长安，左中郎将蔡邕见而奇之，时邕才学显著，贵重朝廷……闻粲在门，倒屣迎之。……邕曰：'此王公孙也，有异才，吾不如也。吾家书籍文章，尽当与之。'……时旧议废松弛，兴造制度，粲恒典之。"[①] 王粲出身士子家族，以治经为务，有以经典而来的版本学思想。王粲因"兴造制度"的政治活动整理文献，当然包括经典文献，"粲恒典之"，经典文献的整理，首先是版本的整理，因为经典的意义首在版本，所以王粲的版本观是版本整理的有序，是经典意义拓展的顺序整理，或者说经典意义递进式延续的顺序整理。这样的顺序整理是对统一性版本观的表达，递进式延续的顺序是经典阐释生成的版本的顺序，因为这些版本对经典的阐释是一层层递进，比如先对经典文献的原版阐释，再对阐释版本进一步注解生成注解本，这是经典阐释版本的生成顺序。但这只是一个简单的例证，事实远比这复杂得多，经典阐释的版本种类繁多、方式多样，还有时空变化的因素，所以需要整理，厘清它们对经典阐释的递进式延续顺序，这样的顺序是对第一版本统一性的表达，是对趋向统一的时代特征的回应。

---

① （晋）陈寿撰，（南朝宋）裴松之，注 . 三国志·二十四史 [M]. 北京：中华书局，1999 年，第 445 页 .

建安七子的阮瑀、陈琳等同样有版本顺序整理的版本观，表现他们的群体特征。《三国志·魏书二十一》阮瑀传记载："少学于蔡邕，建安中都护曹洪欲使掌书记，瑀终不为屈。太祖并以（陈）琳、瑀为司空军谋祭酒，管记室。"① 阮瑀、陈琳"管记室"而有整理文献的行为，包括经典文献整理，而有版本顺序整理的行动表达了版本顺序整理的版本观，体现了建安七子的群体特征。且这样的群体特征延展为家族版本学思想。应玚弟璩，字休琏，"博学好属文，善为书记。……复为侍中，典著作"（《三国志·魏书二十一》应玚传）②，其"为书记""典著作"也是在进行经典版本顺序整理，应玚作为建安七子，他的版本观有群体特征，而应休琏以家族版本学表达了这样的群体特征，家族版本学具有以家族为核心的聚集性，群体版本观同样有这样的聚集性，所以家族版本学可以把群体的版本观为我所用，以家族版本学的延续性把这样的版本观延续下去。阮瑀子阮籍同样以家族版本学表达了这样的群体版本观，"籍少时尝游苏门山，苏门山有隐者，莫知名姓。籍从之，与谈太古为之道，乃论五帝三王之义，苏门生萧然曾不经听。籍乃对之长啸，清韵响亮"（《三国志·魏书二十一》阮籍传）③。阮籍的经学素养让他有依据经典意义的版本观，而阮瑀的家学相授让他继承了阮瑀由群体版本观而来的思想，即经典版本顺序整理的版

① （晋）陈寿撰，（南朝宋）裴松之，注．三国志·二十四史 [M]. 北京：中华书局，1999 年，第 447 页．

② （晋）陈寿撰，（南朝宋）裴松之，注．三国志·二十四史 [M]. 北京：中华书局，1999 年，第 450 页．

③ （晋）陈寿撰，（南朝宋）裴松之，注．三国志·二十四史 [M]. 北京：中华书局，1999 年，第 451 页．

本学思想，并以家族版本学将它延续下去。

嵇康与阮籍并称，是阮籍的好友，同样以群体性受到阮籍版本观的影响，表达经典版本顺序整理的版本学思想，且以家族版本学把这样的版本观以家族指向的聚集增强密集性。“案嵇氏谱，康父昭，字子远，督军粮治书侍御史。兄喜，字公穆，晋扬州刺史，宗正。喜为康传曰：‘家世儒学，少有俊才……善属文论，弹琴咏诗，自足于怀抱之中……撰录上古以来圣贤、隐逸、遁心、遗名者，集为传赞，自混沌至于管宁，凡百一十有九人，盖求之宇宙之内，而发之乎千载之外者矣。故世人莫得而名焉。’”（《三国志·魏书二十一》嵇康传）[①]嵇康是治经世家，对经典文献整理颇有体味，“撰录上古”即是他经典文献整理的表达，而这一过程伴随着经典版本的顺序整理，有阮籍的群体影响，也是家族版本学的表达，家族版本学的延续把嵇康由群体性而来的版本观以时间的长度拉长并延伸。所以嵇康子绍“少知名，山涛启为秘书郎，称绍平简温敏，有文思，又晓音，当成济者”（《三国志·魏书二十一》嵇绍传）[②]。嵇绍“为秘书郎”，有整理文献的职责，以职责传承嵇康的版本学思想，经典文献整理而来的经典版本顺序整理是嵇绍对嵇康版本学思想的延续。嵇氏的家族版本学以对阮籍与嵇康群体性版本观的表达，以经典版本的顺序整理回应趋向统一的时代特征。

---

① （晋）陈寿撰，（南朝宋）裴松之，注．三国志·二十四史 [M]. 北京：中华书局，1999 年，第 451 页．

② （晋）陈寿撰，（南朝宋）裴松之，注．三国志·二十四史 [M]. 北京：中华书局，1999 年，第 453 页．

二、晋代版本学

（一）维系统一的版本学思想

晋代是由三国的分散到晋的短暂统一，实现了三国统一的趋向，但只是短暂的统一，晋政权的专制让这来之不易的统一存在失去的危险。晋的学者作着维系统一的努力，从治经寻找维系统一的方法，在此过程中经典文献整理而来的经典版本观是对维系统一的努力的表达。

《晋书·列传第二十五》夏侯湛传记载："祖威，魏兖州刺史。父庄，淮南太守。湛幼有圣才，文章宏富有，善构新词，而美容观，与潘岳友善。……夏侯子曰：'……仆也承门户之业，受过庭之训，是以得接冠带之末，充乎士大夫之列，颇窥六经之文，览百家之学。'湛若曰：'……古文载于训篇，传于诗书者，厥乃不思不可行。尔其专乃心，一乃听，砥砺乃性，以听我之格言。'"[①]夏侯氏家族世代以治经为务，夏侯湛对子的过庭之训也是表达延续治经的思想，延续治经就要整理经典文献，就要有经典版本学思想。经典版本学思想在夏侯湛的观念中是对家学的表达，治经需要优良的版本，也会产生优良的版本，先辈治经生成的优良版本是后人治经的依据，后人对先辈优良版本的研究，不仅是治经思想的延续，也是优良版本的延续，先辈的优良版本是家族经典的象征，是后人治经的聚焦点，后人治经生成的版本是先辈优良版本的延续，是发展的延续。后人对先辈的优良版本的传承是以经典阐释的方式实现的，即先辈的优良版本已成为家族的经典版本，后人经典阐释的版本是阐释版本。阐释版本是

① （唐）房玄龄等，撰．晋书·二十四史 [M]. 北京：中华书局，1999 年，第 987 页．

对经典版本的发展，阐释版本在延展经典版本的经典性，即经典版本是优良版本，是善本，阐释版本通过对经典性的延展，提高它的优良性，即维系经典版本的优良性，表达对维系统一的时代特征的回应。

所以家族经典版本通过家族阐释版本的延续来维系经典版本优良性的努力是以家族版本学的善本观表达维系统一的时代特征。不仅夏侯氏是这样的版本学思想，其他士子家族也是这样的版本学思想。《晋书·列传第六十一·儒林》范平传记载："范平，字子安，吴郡钱塘人也。其先避王莽之乱适吴，因家焉。平研览坟素，遍该百氏，姚信、贺邵之徒皆从受业。……孙皓初，谢病还家，敦悦儒学。……三子：奭、咸、泉，并以儒学至大官。……家世好学，书七千余卷。远近来读者恒而有百余人，蔚为办衣食。"[①] 范氏家族像夏侯氏家族一样世以治经为业，前后相继的延续，是以经典文献的整理为条件的，世代相传的文献以经典阐释的不断积累实现，到范平以下的四世达到七千余卷，这样的规模是先辈经典版本到后人阐释版本的延续而来的，先辈经典版本到后人阐释版本优良性的维系，是以这样的优良版本承载的文献得以传播于世的原因，"远近来读者恒而有百余人"即是明证。而这样的情况的出现，是因为文献的版本优良，以经典版本到阐释版本的优良性的维系来实现的，而这样的版本关系是经典版本到阐释版本优良性的延续，是以文献在时空的拓展来表达的，而文献在时空的拓展，是以版本依经典而来的优良性来回应维系统一的时代特征。

（二）维系统一的维系性深化的版本学思想

晋的其他士子出身的学者也以这样的版本学思想回应维系统一的时代

① （唐）房玄龄等，撰．晋书·二十四史 [M]. 北京：中华书局，1999 年，第 1561 页．

特征，并有进一步的发展。《晋书·列传第六十一·儒林》刘兆传记载："刘兆，字延世，济南东平人，汉广川惠王之后也。……以春秋一经而三家殊途，诸儒是非之议纷然，互为仇敌，乃思三家之异，合而通之。……又为春秋左氏解，名曰全综，公羊、穀梁解诂皆纳经传中，朱书以别之。又撰周易训注，以正动二体互通其文。"①刘兆对儒经的整理，在经典阐释的各个版本的分析比较，取其之长综合为一，并且把阐释与被阐释的不同版本"朱书以别之"，阐释版本用朱书，被阐释版本用墨书，朱书本是墨书本的注解，经典意义的延伸，也是版本依据经典的延伸，在这个意义上，朱书本是墨书本的深化，通过这样的深化表达维系统一的时代特征，即维系统一的维系性在深化，以版本的深化来表达这一维系性的深化。另外，"正动二体互通其文"的思想是版本深化的另一层面意义的表达。"正"是被阐释本，"动"是阐释本，对被阐释本的阐释是动态的，即阐释是不断拓展经典意义的动态，所以阐释本称为"动"，被阐释本称为"正"，动态的拓展即是维系的深化，以此表达维系统一的维系性深化的版本学思想。

徐邈也具有这样的版本学思想。《晋书·列传第六十一·儒林》徐邈传记载："东莞姑幕人也。祖澄之为州治中，属永嘉之乱，遂与乡人臧琨等率子弟并闾里士庶千余家，南渡江，家于京口。父藻，都水使者。……以邈为前卫率，领本郡大中正，授太子经。……邈虽在东宫，犹朝夕入见，参综朝政，修饰文诏，拾遗补阙，劬劳左右。"②徐邈"拾遗补阙"，是对经典的整理，经典的被阐释本，还是阐释本都会出现缺漏的情况，因为

① （唐）房玄龄等，撰 . 晋书·二十四史 [M]. 北京：中华书局，1999 年，第 1570 页 .

② （唐）房玄龄等，撰 . 晋书·二十四史 [M]. 北京：中华书局，1999 年，第 1572 页 .

在变化的时空中，使这些版本所处的环境并不稳定，让它们的存在受到影响，所以出现缺漏，缺漏的地方要补足，这需要大量的材料，各种版本的相互借鉴，才能实现补足缺漏的目标。“拾遗补阙”是为了保证被阐释本与阐释本的经典延续性，以此来保证维系统一的作用，或者说维系统一的维系性的深化，“拾遗补阙”就是在维系，深化维系统一的作用。

荀勖是另一位有着维系统一的维系性深化的版本学思想的版本学家。《晋书·列传第六十一·儒林》荀勖传记载：“……汉司空爽曾孙也。……既长，遂博学，达于从政。……俄领秘书监，与中书令张华依刘向《别录》整理记籍，又立书博士，置弟子教习，以钟、胡为法。及得汲郡冢中古文竹书，诏勖撰次之，以为中经，列在秘书。……勖有十子，其达者辑、藩、组……辑子绰……撰晋后书十五篇。”[①] 荀勖对古文竹书的整理，是把古文竹书的内容抄录下来，并进行阐释，辑成阐释本。古文竹书是先秦的古文经，对古文经的整理，是以先秦的古文本的原版为据，通过对它的阐释，借鉴统一在先秦的意义，对照当下维系统一的努力，寻找维系统一的更有效的方法，阐释本即是这一思想的表达，所以荀勖以此表达他维系统一的维系性深化的版本学思想。

挚虞同样以这样的版本学思想表达维系统一的努力。《晋书·列传第六十一·儒林》挚虞传记载：“虞少事皇甫谧，才学通雅，著述不倦。郡檄主簿。……将作大匠陈勰掘地得古尺，尚书奏‘今尺长于古尺，宜以古为正’。潘岳以为习用已久，不宜复改。虞驳曰：‘昔圣人有以见天下之赜而拟其形容，象物制器，以存时用。故参天两地，以正算数之纪；依律

① （唐）房玄龄等，撰．晋书·二十四史 [M]. 北京：中华书局，1999 年，第 755 页．

计分，长定长短之度。其作之也有则，故用之也有征。考步两仪，则天地无所隐其情；准正之辰，则悬象无所容其谬；施之金石，则音韵和谐；措之规矩，则器用合宜。……唐虞之制，同律度量衡，仲尼之训，谨权审度。'"[①] 挚虞以“仲尼之训”重原则，“依律计分”长短之则，是以孔子的思想表达对原则的说明，原则是要以客观为标准，重要的是客观性，所以挚虞以“依律计分”来说明这一意义，这是对维系统一的表达，原则的客观是维系意义的说明。维系需要的是原则的客观性，这样才有维系的一致和保持。也就是说依据经典的被阐释本与阐释本是要达到一致，经典的一致，或者说经典意义延展的一致，被阐释本对于阐释本就是以经典意义延展的一致表达对统一的维系，且是维系性的深化，一致的延续即是维系性的深化。

葛洪也在表达维系性深化的版本学思想。《晋书·列传第六十一·儒林》葛洪传记载：“在山积年，优游闲养，著述不辍。《抱朴子》其自序曰：‘是以望绝于荣华之途，而志安乎穷圮之域；藜藿有八珍之甘，蓬荜有藻棁之乐也。故权贵之家，虽咫尺弗从也；知道之士，虽艰远必造也。考览奇书，既不少矣，率多隐语，难可卒解，自非至精不能寻究，自非笃勤不能悉见也。……景纯笃志绨缃，洽闻博记，在异书而毕综。’”[②]“在异书而毕综”说明葛洪对异本的考究，是在说明经典被阐释本与经典阐释本的关系，经典被阐释本是对经典阐释本意义的延展，“考览奇书”，“率多隐语”，“自非至精不能寻究，自非笃勤不能悉见也”即是阐释经典的方法，“至精”的探究，并需要原则的客观性的“笃勤”，以原则的标准

① （唐）房玄龄等，撰．晋书·二十四史 [M]. 北京：中华书局，1999 年，第 939 页．

② （唐）房玄龄等，撰．晋书·二十四史 [M]. 北京：中华书局，1999 年，第 1269 页．

进行精准的阐释，延展经典的意义，也在延展维系的一致，达到维系性的深化，是对维系统一的维系性深化的版本学思想的表达。干宝也以异本的整理表达这一版本学思想。“宝既博采异同，遂混虚实……因作序以陈其志曰：‘况仰述千载之前，名为搜神记……记殊俗之表，缀片言于残阙，访行事于故老，将使事不二迹，言无异涂，然后为信者，固亦前史之所病。’”（《晋书·列传第四十二·儒林》）[①] 干宝“缀片言于残阙”即是在收集资料，把不同的版本进行比较，异同之处分析清楚，有条理，可以把版本补充完整，而经典阐释本对经典被阐释本的经典意义的延展，即是进行条理清楚的补充达到完整意义上的延展，由完整实现维系性的深化，表达维系统一的维系性深化的版本学思想。

傅玄与子敷以家族版本观也在表达这样的版本学思想。傅玄“撰论经国九流及三史故事，评断得失，各为区例，名为傅子，为内、外、中篇，凡有四部，六录，合百四十首，数十万言，并文集百余卷行于世。玄初作内篇成，子咸以示司空王沈。……咸……好属文论，虽绮丽不足而言成规鉴。……子敷……清静有道，素解属文”[②]。傅玄所作《傅子》，内、外、中篇的构成，是以结构的延展表达版本的完整意义，而子咸、敷所作也在承继傅玄的意志，追求完整的意义，承继傅玄的完整的版本观，作着统一的维系性深化的努力，从家族版本学思想的角度表达这样的版本学思想。

---

① （唐）房玄龄等，撰．晋书·二十四史 [M]. 北京：中华书局，1999 年，第 1433 页．

② （唐）房玄龄等，撰．晋书·二十四史 [M]. 北京：中华书局，1999 年，第 873 页．

三、南北朝版本学

（一）南朝延展性的版本学思想

南北朝以晋的短暂统一终于分散，出现南北对峙的局面，由统一到分散，使晋学者维系统一的努力落空，在南北朝继续以艰苦的行动趋向统一的目标，且是趋向统一的延展。而南北朝版本学也在以版本学思想回应趋向统一的延展的时代特征。南北朝的版本学家都在以版本学思想的研究表达版本学所具有的这样的时代特征。

南朝宋范晔首当其冲是做着这样的努力的一位版本学家。《宋书·列传第二十九》范晔传记载：“……不得志，乃删众家后汉书，为一家之作。……晔狱中与诸甥侄书以自序曰：……既造后汉转得统绪，详观古今著述及评论，殆可少意者。……班氏最有高名，既任情无例，不可甲乙辨。后赞于理近无所得，唯志可推耳。博赡不可及之，整理未必愧也。吾杂传论，皆有精意深旨，既有裁味，故约其词句。……赞自是吾文之杰思，殆无一字空设，奇迹无穷，同合异体，乃自不知所以称之。”[①] 范晔作《后汉书》，先以前人的各种版本进行比较，删改修正，得一家之作，是在以版本的修正得版本的完整，表达经典的意义，即完整的版本是经典意义的延展。在这里，经典不一定是儒经的经典，注重的是经典意义，是以史书延展儒经的思想。所以版本的意义在于经典意义的表达，通过版本的完整性表达经典意义的延展。而经典意义的延展即是趋向统一的延续的表达，以此来回应时代特征。

---

① （梁）沈约，撰．宋书·二十四史 [M]. 北京：中华书局，1999 年，第 1202 页．

南朝齐王俭是范晔之后另一位做着延展统一趋向努力的版本学家。《南齐书·文学》王俭传记载："……上表求校坟籍，依七略撰七志四十七卷，上表献之，表辞甚典。又撰定元徽四部书目。……手笔典裁，为当时所重。少撰《古今丧服集论》并文集，并行于世。"① 王俭校订经典文献，对经典文献的整理而有《七志》《元徽四部书目》，经典的整理在王俭的校订，校订本在经典意义的延展，以整齐的秩序表达经典的意义，也在延展经典的意义。由此表达延展性的版本学思想，回应趋向统一的延展的时代特征。

王俭的好友檀超也是在以经典文献的整理表达具有时代特征的版本学思想，并通过与王俭的交流增益这样的版本学思想。《南齐书·文学》檀超传记载："……立十志……艺文依班固，朝会、舆服，依蔡邕、司马彪，州郡依徐爰，百官依范晔，合州郡。班固五星载天文，日蚀载五行，改日蚀入天文志。"② 檀超依据善本整理文献，作《十志》，《十志》的十部分的文献的版本都是依据善本来整理的，比如"艺文依班固，朝会、舆服，依蔡邕、司马彪"，善本的依据使王俭的版本整理所选的都是优良版本，优良版本的选择是王俭对经典版本意义的理解，是对经典意义的延展，是对趋向统一的延展的时代特征的回应。所以与范晔交流时，范晔有这样的言论："左仆射王俭议：'金粟之重，八政所先，食货通则国富民实，宜加编录，以崇务本。朝会志前史不书，蔡邕称先师胡广说汉旧议，此乃伯喈一家之意，曲碎小仪，无烦录，宜立食货，省朝会。洪范九畴，一曰五行。

① （梁）萧子显，撰．南齐书·二十四史 [M]．北京：中华书局，1999 年，第 288 页．

② （梁）萧子显，撰．南齐书·二十四史 [M]．北京：中华书局，1999 年，第 605 页．

五行之本，先乎水火之精，是为明五行之宗也。今宜宪章前轨，无所改革。又立帝女传，亦非浅识所安。若有高德异行，自当载在列女，若止于常美，则仍旧不书。’”[①] 王俭对檀超版本整理的意见是“以崇务本”，要根据版本内容的实际情况进行，“以崇务本”即是对经典意义的延展，注重实际，实际的应用作用，经典示范性规范的应有之义。王俭从实际应用的角度表达经典版本的意义，对檀超的版本观念有重要的影响，檀超的版本学思想在这个角度上注意版本由经典而来的实际意义，注重版本整理对现实的作用，根据实际情况改变版本整理的过程，是对经典意义的延展，是对趋向统一的延展的时代特征的表达。而王逡之作为王俭的好友，对王俭《古今丧服集记》的校订，“……初，俭撰古今丧服集记，逡之难俭十一条”（《南齐书·文学》）[②]，则是通过校订本表达版本整理的观念，校订的意义即是注重实际效用，校订本是在延展版本的实际作用，即在延展经典的意义，表达延展性的版本学思想。这也是受到王俭实际效用的版本理念的影响，虽然是以对王俭《古今丧服集记》的校订的形式来表达，但是是朋友之间以实际效用为核心的版本学思想的交流。

王融是另一位在实际中表达这样的版本学思想的版本学家。《南齐书·文学》王融传记载：“……虏使遣求书，朝议欲不与，融上疏曰：‘今经典远被，诗史北流，冯、李之徒必欲遵尚。’”[③] 王融认为“经典远被”是经典文献向异族传播的有效手段，经典的意义对北朝异族的教育作用是

---

① （梁）萧子显，撰．南齐书·二十四史 [M]. 北京：中华书局，1999 年，第 605 页．

② （梁）萧子显，撰．南齐书·二十四史 [M]. 北京：中华书局，1999 年，第 613 页．

③ （梁）萧子显，撰．南齐书·二十四史 [M]. 北京：中华书局，1999 年，第 553 页．

经典版本所起到的实际作用，这是经典意义的延展，也是趋向统一的延展，是对时代特征的回应，南北的分散让处在此环境中的学者一直在作趋向统一的努力，而经典由南朝向北朝的传播，是以经典版本拓展经典意义，欲以经典示范性的规范趋向南朝到北朝的思想统一，以统一延展性的版本学思想回应时代特征。

而崔慰祖以家族版本学的理念进一步表达趋向统一的版本学思想。《南齐书·文学》崔慰祖传记载："……父梁州之资，家财千万，散与宗族。……好学，聚书至万卷，邻里年少好事者来从假借，日数十帙，慰祖亲自取与，未常为辞。……慰祖著《海岱志》，起太公讫西晋人物，为四十卷，半未成。临卒，与从弟纬书云：'常欲更注迁、固二史，采史、汉所泥二百余事，在厨簏，可检写之，以存大意，《海岱志》良未周悉，可写数本，付护军诸从事一人一通。……'"[①]崔慰祖让从弟用己收集的补"迁、固二史"所缺的资料去注写"迁、固二史"，是以家学传承的形式，以"迁、固二史"的注写本补充两部史书，注写本的补充作用是在延展两部史书的实际效用，是以经典意义的延展，表达经典版本延展的意义，注写本即是对经典版本的延展以此表达延展性的版本学思想，且是在以家族版本学的延续性即注写本由崔慰祖到从弟的延续表达这样的版本学思想。

祖冲之则以校订本理念表达以实际效用为核心的延展性的版本学思想。《南齐书·文学》祖冲之传记载："……宋元嘉中，用何承天所制历，比古十一家为密，冲之以为尚疏，乃更造新法。上表曰：'……加以亲量圭尺，躬察仪漏，目尽毫厘，心穷筹策，考课推移，又曲备其详矣。然而

---

① （梁）萧子显，撰．南齐书·二十四史[M]. 北京：中华书局，1999年，第612页．

古历疏舛，类不精密，群氏纠纷，莫审其会。寻何承天所上，意存改革而置法简略，今已乖远。以臣校之，三睹厥谬。’”[①]“比古十一家为密”是以异本相互比较，择出异同之处，选择精准度高的部分整理为优良的版本，“以臣校之，三睹厥谬”就是通过校订对异同之处的择优的过程，所以校订是依据经典意义，整理各种异本而成校订过的优良版本，校订本即是经典版本的延展，通过表达延展性的版本学思想回应趋向统一的延展的时代特征。

贾渊以谱学传家，而对谱学版本的整理由其祖父到父到贾渊三世相承，以家族版本学的延续表达回应趋向统一的延展的时代特征的延展性的版本学思想。“……世传谱学。……先是谱学未有名家，渊祖弼之集氏谱记，专心治业。晋太元中，朝廷给弼之令史书吏，撰定缮写，藏秘阁左民曹。渊父三世传学，凡十八州士族谱，合百帙七百余卷，该究精悉，当世莫化，永明卫军王俭抄次百家谱，与渊参怀撰定。”（《南齐书·文学》）[②]贾渊祖父始创谱学，其父到贾渊传承谱学，而谱学的治理其中重要的一部分是氏谱版本的整理，贾渊三世都精于氏谱版本的整理，在这一过程中有了氏谱各种版本的收集与校订，而校订的目标在氏谱的实际效用，所以注重实际的版本学思想在谱学的传承中延续，而这样的版本学思想的延续即是以经典意义的延展表达延展性的版本学思想，因为氏谱版本的整理是“该究精悉”，通过校订异本而成优良的版本，这是对经典意义的延展，所以是延展性的版本学思想的表达。而对王俭的氏谱版本校订整理，是以谱学

① （梁）萧子显，撰．南齐书·二十四史[M]．北京：中华书局，1999年，第613页．

② （梁）萧子显，撰．南齐书·二十四史[M]．北京：中华书局，1999年，第616页．

的版本与王俭交流以实际性为核心的版本学思想，发展这样的版本学思想，也是在延展经典意义，回应趋向统一的延展的时代特征。

南朝梁继续把这样的版本学思想发展下去。学者同样在作着趋向统一延展的努力，且以延展性的版本学思想表达这样的努力。沈约就是这样一位做着时代努力的版本学家。《梁书》沈约传记载："……太子入居东宫，为步兵校尉，管书记，直永寿省，校四部图书。"①沈约"校四部图书"是整理四部文献，最主要的是版本校订，校订整理而成的优良版本是以经典意义为依据的，校订本是经典意义的延展，是延展性的版本学思想的表达。而任昉收集文献以善本为据，在此过程中对异本比较的择优，是对经典意义的表达，贺纵与沈约对其所藏善本整理而成的再生本，是经典意义的延展。"昉坟籍无所不见，家虽贫，聚书至万余卷，率多异本。昉卒后，高祖使学士贺纵共沈约勘其书目，官所无者，就昉家取之。……平原刘孝标为著论曰：'……圣贤以此镂金版而镌盘盂，书玉牒而刻钟鼎。'"（《梁书》任昉传）②所以任昉的版本整理到贺纵与沈约的版本再生都是在经典意义上表达延展性的版本学思想。

萧子恪、萧子显与萧子云家世版本考证，以考证之法整理异本，择优而成善本，以这样的家族版本学理念表达延展性的版本学思想。"……子恪少亦涉学，颇属文，随弃其本，故不传文集。……弟萧子显……采众家后汉，考正同异，为一家之书。又启撰齐史，书成，表奏之，诏付秘阁。……（萧子显）子萧恺……先是时太学博士顾野王奉令撰玉篇，太

① （唐）姚思廉，撰．梁书·二十四史[M]. 北京：中华书局，1999年，第157页．

② （唐）姚思廉，撰．梁书·二十四史[M]. 北京：中华书局，1999年，第172页．

宗嫌其书详略未当，以恺博学，于文字尤善，使更与学士删改。”（《梁书》萧子恪、萧子显传）[①] 萧子恪博学好文，弟萧子显受其影响整理《后汉》异本，是因为深厚的家学环境，萧子显子萧恺删定顾野王《玉篇》，整理《玉篇》而成校订本，也是受家族版本学思想的影响。他们以版本整理的实际行动传承家族版本学，而版本整理而来的善本观，如异本比较、版本校订，是在表达经典意义，是经典意义的延展，由此以家族版本学的传承表达延展性的版本学思想。而萧子云更是以借鉴儒经版本，表达经典版本的思想，去延展经典的意义。“……（梁初，郊庙未革牲牷，乐辞皆沈约撰，至是承用，子云始建言宜改。敕曰：‘郊庙歌辞，应须典诰大语，不得杂用子史文章浅言；而沈约所撰，亦多舛谬。’子云答敕曰：‘殷荐朝飨，乐以雅各，理应正采五经，圣人成教。……约之所撰，弥复浅杂。臣前所易约十曲……而犹承例……惟用五经为本，其次尔雅、周易、尚书、大戴礼，即是经诰之流，愚意亦取兼用。……’”（《梁书》萧子云传）[②] 萧子显受家学影响，博学而有精良的版本学思想，整理沈约所作乐辞，因其有误，“惟用五经为本”，以儒经版本为据校订乐辞，所以校订本是以经典版本为据而成的优良版本，也在延展经典的意义，是以家族版本学思想表达延展性的版本学思想。

南朝陈继续着延展性的版本学思想，回应趋向统一的延展的时代特征。何之元就是这样一位版本学家。他以《梁典》的“记事之史”比较前代史书版本的异同，而让梁史有优良的版本。“记事之史，其流不一，编年之作，

① （唐）姚思廉，撰．梁书·二十四史 [M]. 北京：中华书局，1999 年，第 354 页．

② （唐）姚思廉，撰．梁书·二十四史 [M]. 北京：中华书局，1999 年，第 354 页．

无若秦秋，则鲁史之书，非帝皇之籍也。案三皇之简为《三坟》，五帝之策为《五典》，此典义所由生也。至乃尚书述唐帝为尧典，虞帝为舜典，斯又经文明据，是以典文为义久矣哉。若夫马史、班汉，述帝称纪，自兹厥后，因相祖习。及陈寿所撰，名之曰志，总其三国，分路扬镳。唯何法盛，晋书变帝纪为帝典，既云师古，在理为先。故今之所作，称为梁典。梁有天下……故开此一书，分为六意。……今前如干卷为追述。……今如干卷为太平。……今以如干卷为叙乱。……今如干卷为世祖。……今以如干卷为敬帝。……今以如干卷为后嗣主。……又编年而举其岁次者，盖取分明而易寻也。……重以盖彰殊体，繁省异文，其间损益，颇有凡例。”（《陈书·文学》）[①]何之元对前史版本的分析是今承古并有所延展，“既云师古，在理为先”，他也沿袭这样的思想记载梁史，且在此过程中注意前史版本的比较异同，以此为据，而使梁史“重以盖彰殊体，繁省异文”，综前史各本的优良之处，为梁史的优良版本，以此表达并延展经典的意义，表达延展性的版本学思想。

（二）北朝先进性的版本学思想

北朝虽然是与南朝对峙的，但对南朝先进社会思想与文化的接受使其做着趋向以儒经为统一思想的努力，多从南朝搜求经典文献。在这样的情况下，北朝的版本学治学方法也在学习南朝而趋同，同样表达延展性的版本学思想。北朝对南朝延展性版本学思想的认同，是在以对先进性的趋同，表达其趋向统一的延展的努力。

北魏是北朝的第一代王朝，其有一个好的开端，即对南朝先进性的

① （唐）姚思廉，撰．陈书·二十四史 [M]. 北京：中华书局，1999 年，第 324 页．

趋向，所以从朝廷到学者在这方面作了大量的努力。而版本学的治学是其中重要的部分，因为经典文献整理是学习南朝先进性的最直接表达，也是最便捷的途径。孙惠蔚就是这样一位以儒经为据的版本学家。《魏书》孙惠蔚传记载："……自言六世祖道恭为晋长秋卿，自道恭至惠蔚世以儒学相传。……世宗即位之后，仍在左右敷训经典。……惠蔚既入东观，见典籍未周，乃上疏曰：'臣闻圣皇之御世也，以幽赞人经，参天二地，宪章典故，述遵献。然则六经、百氏，图书秘籍，乃承天之正术，治人之贞范。……汉兴求访，典文载举，先王遗训，灿然复存。暨光武拨乱，日不暇给，而入洛之书二千余两。魏晋之世，尤重典坟，收亡集逸，九流咸备。观其鸠阅之篇，访购经论，纸竹所覃，略尽无遗。臣学阙通儒，思不及远，徒循章句，片义无立。而慈造曲覃，厕班秘省，忝官承乏，唯书是司。而观、阁旧典，先无定目，新故杂糅，首尾不全。有者累帙数十，无者旷年不写。或篇第褫落，始末论残；或文坏字误，谬烂相属。篇目虽多，全定者少。今依前丞臣卢昶所撰甲乙新录，欲裨残补缺，损并有无，校练句读，以为定本，次第均写，永为常式。其省先无本者，广加推寻，搜求令足。然经记浩博，诸子纷乱，部帙既多，章篇纰缪，当非一二校书，岁月可了。今求令四门博士及在京儒生四十人，在秘书省专精校考，参定字义，如蒙听许，则典文允正，群书大集。'"①孙惠蔚家世儒学，至北魏因王朝之始官方文献杂乱缺漏，他作为朝廷重臣，义无反顾上疏要担起收集、整理、校订的责任。朝廷内府文献因从前朝而来，又因战乱多年未整理，书目亡佚，对这些文献的使用造成障碍，而最突出的是文献的残缺、错讹。孙惠

① （北齐）魏收，撰．魏书[M]．北京：中华书局，1999年，第1252页．

蔚要做的是校正错讹，弥补残缺，整合各种异本成完整的版本。这需要收集大量的材料，非一人之力可行，孙惠蔚于是集儒经学者数十人一起校书，利用收集的材料把各种异本相互比较，考证它们的是非与否，校正、辑佚，而成完整的优良版本，并安排有序，以版本的顺序表达其重要性的程度，使整理文献的结果能起到最大的实际效用，也就是说，整理而成的精良版本的有序以其实际效用发挥经典版本的作用。这里的经典版本在北魏的版本学环境中是对先进性的趋同，经典的意义在于以南朝的儒经为据，因为北魏作为异族王朝，君王时刻都在关注南朝的先进性，而这先进性是以儒经来表达的，南朝儒经作为经学标准，让经典的意义表现为标准的先进性，在这样的对比下，经典的意义对于北朝来说在于先进性，而经典版本也在于这样的先进性。孙惠蔚版本整理而来的优良版本是在表达经典版本的先进性，由此回应趋向统一的延展的时代特征。

北齐面对的是和北魏同样的环境，其版本学思想也是在表达对先进性的趋同。樊逊是和孙惠蔚一样表达着这样的版本学思想，因为他们所处的版本学环境一致，同样是以对先进性趋同的版本学思想做着向南朝标准看齐的努力，回应趋向统一的延展的时代特征。《北齐·文苑》樊逊传记载："（天宝）七年，诏令校定群书，供皇太子。逊与冀州秀才高乾和，瀛州秀才马敬德……等十一人同被尚书召共刊定。时秘府书籍纰漏者多，逊乃议曰：'按汉中垒校尉刘向受诏校书，每一书竟，表上，辄言："臣向书，长水校尉臣参书，太史公、太常博士书，中外书合若干本以相比较，然后杀青。今所雠校，供拟极重，出自兰台，御诸甲馆。"向之故事，见存府阁，即欲刊定，必籍众本。太常卿邢子才，太子少傅魏收，吏部尚书辛术，司农少卿穆子容，前黄门郎司马子瑞，故国子祭酒李业兴并是多书之家，请牒借本参校得失。’秘书监尉瑾移尚书都坐，凡得别本三千余卷，五经诸史，殆无遗缺。”[①] 樊逊受诏校理文献，因为朝廷内府所存文献错讹较多，杂乱无章，面临和北魏同样的情况，北魏到北齐王朝的频繁更迭，社会环境不稳定，学术环境也不稳定，于是朝廷内府的文献得不到很好的保存，虽然北魏对文献整理做了很多工作，但王朝在短时间内的更迭让前朝的成果功亏一篑，北齐的官方文献同样是混乱的，所以才有了樊逊的校理工作。樊逊上奏汉时刘向的文献整理故事，总结其校书方法，“中外书合若干本以相比较”，是对其先进性的趋同，于是有了樊逊的“即欲刊定，必籍众本”，尽可能收集更多的异本，以参校官方本，对出身世家大族的朝廷重臣魏收等人的家学文献的收集，就是为了得到更多精良的异本，校正官方本的错讹，弥补缺漏，而成完整的优良版本。在樊逊的影响下，文献的收集可谓尽心尽力，尽可能多地收集异本，“凡得别本三千余卷，五经诸史，殆无遗缺”，就是以异本的多样性保证官方本的完整性，以优良的版本表达经典版本的先进性意义，以此表达对先进性趋同的版本观。另外，来自世家大族的家学经典文献多是精良的版本，可以补足官方本的缺漏，说明家族版本学同样在北朝发挥着先进性的作用，表达趋同先进性的版本学理念。

北周接续北齐而来同样是以先进性的趋同进行版本学的治学，以学习南朝的先进性，做着趋向统一的延展的努力。而唐瑾作为北周朝廷重臣，即是以这样的版本学思想表达他对王朝的责任。《周书》唐瑾传记载：“于瑾南伐江陵……及军还，诸将多因掳掠，大获财物。瑾一无所取，唯得书

---

① （唐）李百药，撰．北齐·二十四史 [M]. 北京：中华书局，1999 年，第 419 页．

两车，载之以归。或白文帝曰：‘唐瑾大有辎重，悉是梁朝珍玩。’文帝初不信之，然欲明其虚实，密遣使检阅之，唯见坟籍而已。”[①] 唐瑾对南朝文献的珍视，是因为其经典版本的先进性，北朝一向视南朝为先进性的代表，虽然在政治上是对峙的，北朝也欲以政治强制统一南朝，但南朝的先进性在他们眼里是毋庸置疑的，南朝的文献当然是其先进性的代表，所以唐瑾会对南朝文献的经典版本视若珍宝，是对先进性的趋同，是北朝具有时代特征的先进性版本学思想的表达。

第三节　隋唐版本学

隋唐两代结束了南北朝的分散，趋向统一的目标终于实现了，魏晋南北朝时期是以分散为主要特征的，虽然有晋短暂的统一，这一时期的主要局面是分散，所以这一时期所做的都是努力于统一，无论是三国魏的趋向统一、晋的维系统一，还是南北朝趋向统一的延展，这一时期的社会稳定是那么令人珍惜，因为实际上的稳定太少。而隋唐结束了这样的分散，接之而来的是长时间的统一，所以隋唐两代是以无比的自信处在古代历史当中，这其中当然有隋的短暂，而唐更代表了这一时期的特征，也取得了更多的版本学成就，因为文献是一个时期时代特征的最直接表达，而经典版本则以其经典意义延伸这一表达。所以依据经典的版本学思想在这一时期以自信的时代特征进一步深化了，他们对经典版本的要求更高，经典的意

① （唐）令狐德棻，撰 . 周书 · 二十四史 [M]. 北京：中华书局，1999 年，第 498 页 .

义在精准的层面延展，实际上这是对先秦版本学思想的复归，因为在古代的文化氛围中，崇古是他们根本的思维模式，或者说是思想的出发点，先贤圣人所处的时代与环境在他们看来是难以企及的盛世，永远只能去追求，尽其所能去接近，虽然唐是古代社会发展的高峰，出现了少有的兴盛，但在其看来，先贤之世还是遥不可及，这也是唐王朝以唐为号的原因，是要回到唐虞之世，至少是对此的趋向。由此，隋唐的统一自信是以复归先秦以精准为核心的经典版本学思想来表达的。另外，隋唐作为上古的末期，是由上古到中古过渡的阶段，其思想也会带上这样的时代特征，最明显的是市民思想的兴盛，即市民阶层的生活特征让他们形成简朴的思想，而这正成为这一时代思想的构成要素，所以版本学思想也会带上这样的特征，即版本的简洁，方便使用，所以经典的意义除了精准，还有简洁，所以这一时期的版本学思想有以经典为据的双重标准，即精准与简洁。

一、隋代版本学

隋代作为统一的开始，一直在保护这来之不易的成果，所做的是加强儒经的作用，充分发挥经典的意义，而在上古到中古的过渡时期，经典要精准也要简洁，这是时代的要求，所以从隋开始就有了精准与简洁双重标准的版本学思想。隋的版本学家都在做着这样的努力。首当其冲的是刘焯与刘炫以家世之学表达着这样的版本学思想。“……武强交津桥刘智海家素多坟籍，焯与炫就之读书，向经十载。……（刘炫）乃自为赞曰：‘……性本愚蔽，家业贫窭，为父兄所饶，厕缙绅之末，遂得博览典诰，窥涉今古。……驰骛坟典，厘改僻谬，修撰始毕，图事适成。……’”（《隋书·

儒林》刘焯、刘炫传）[①] 刘氏家族世治儒学，他们也以治经为务，而先辈传下来的经典文献异常丰富，除了依此治学，也会对其中的错漏进行补正，所以家族文献的版本整理，是他们要做的工作。由刘焯到刘炫因父兄为长的家族观念的影响在以家族文献版本的整理传承由父兄那里传来的家学，所以刘炫会有校正家族文献版本的举动，并在自赞中表达由校正版本而来的依据经典的版本学思想，即校正是趋向精准，也是趋向简洁，这样的双重标准是家学传承的必需，因为只有精准与简洁的双重性才能保证家学在准确基础上的方便使用。具有这样的双重标准的版本学思想是刘炫由父兄那里的继承，是以家族版本学的形式回应时代特征。

潘徽同样以版本整理的精准与简洁表达具有时代特征的版本学思想。“……晋王广复引为扬州博士，令与诸儒撰《江都集礼》一部。复令徽作序曰：‘……振领提纲，去其繁杂，撮其指要，勒成一家，名曰《江都集礼》。’”（《隋书·文学》潘徽传）[②] 潘徽为《江都集礼》作序表达他的依据经典的版本学思想。“去其繁杂，撮其指要”说明撰修《江都集礼》的儒者把《礼》经的各种版本收集整理，取其精要之处集为《江都集礼》，所以此书是各种版本的集义，以经典意义的聚集而成精准的版本，更以“去其繁杂”保证它的简洁，是具备精准与简洁双重标准的优良版本，而潘徽为此本作序所做的分析就是在表达具有这种双重标准的版本学思想。

柳机等则以家学的传承表达这样的版本学思想，世以治经，家存经典文献丰富，对经典文献的整理是必需的工作，而版本的精准与简洁是经

① （唐）魏征，撰 . 隋书·二十四史 [M]. 北京：中华书局，1999 年，第 1155 页 .

② （唐）魏征，撰 . 隋书·二十四史 [M]. 北京：中华书局，1999 年，第 1172 页 .

典文献版本整理的目标，因为治经需要准确性高而方便使用的优良版本。而版本整理生成的优良版本提高了家学文献的经典意义与价值。所以柳氏以家学经典向朝廷献书，说明了其对家学的自信，也是对具有精准与简洁双重标准的家族版本学的自信。所以《隋书·儒林》柳机传有这样的记载："……机伟仪容，有器局，颇涉经史。……子述性明敏，有干略，颇涉文艺。……机弟旦……颇涉书籍。……机弟述……少聪敏，闲于占对。……从弟雄亮……从子謇之……以明经擢第。……机族兄昂……父敏，有高名，好礼笃学，治家如官。……史臣曰'……建安风韵闲雅，望重当时'。……且屡有惠政，肃每存诚谠。雄亮名节自立，忠正见称，謇之神情开爽，颇为疏放。文城历仕二朝，咸见推重，献书高祖，遂兴学校，言能弘道，其利博哉！"[①] 柳氏世以治经，积累深厚的家学，而在家学文献版本整理基础上具有精准与简洁双重标准的优良版本数量之多让其可以以资"献书高祖"，表达其双重标准的版本学思想，而接下来的"遂兴学校"可以说是这一版本学思想拓展经典意义而来的积极影响。

牛弘则是以朝廷重臣的身份表达经典文献版本整理的重要性，精准与简洁的优良版本的重要作用。这是他因身份对朝廷的责任，也是以双重标准的版本学思想去推动官方文献的整理。《隋书·儒林》牛弘传记载："……及长，须貌甚伟，性宽裕，好学博闻。弘以典籍遗逸，上表请开献书之路，曰：'经籍所兴，由来尚矣。……魏文代汉，更集经典。……晋秘书监荀勖……虽古文旧简，犹云有缺，新章后录，鸠集已多……刘裕平姚，收其图籍……及侯景渡江，破灭梁室，秘省经籍，……其文德殿内书史，

① （唐）魏征，撰．隋书·二十四史 [M]. 北京：中华书局，1999 年，第 849 页．

宛然犹存。萧绎据有江陵……收文德之书，及公私典籍，重本七万余卷，悉送荆州。……周氏创基关右。……保定之始，书止八千。……高氏据有山东，初亦采访，验其本目，残缺犹多。及东夏初平，获其经史，四部重杂，三万余卷。所益旧书，五千而已。……今御书单本，合一万五千余卷，部帙之间，仍有残缺。比梁之旧目，止有其半。……方当大弘文教，纳俗升平，而天下图书尚有遗逸。非所以仰协圣情，流川无穷者也。臣史籍是司，寝兴怀俱。……今秘藏见书，亦足披览，但一时载籍，须令大备。……兼开购赏，则异典必臻……”[①] 牛弘以收集文献整理版本的要务依据前朝在此方面的整理情况，说明文献版本整理的不易，由晋到南朝梁大量收集整理，之后又亡佚，虽然梁世保存的经典版本很多，但到隋统一之后，大量佚失，朝廷内府只存一万五千余卷的精本，所以牛弘上书仿效梁的文献收集把文献的各种异本尽可能收集，从民间到官方，以民间善本扩充官方的经典版本，当然包括异本的比较择优整合生成的优良版本。所以“异典必臻”是以异本的多样之后的择优整合，保证经典意义聚集而成的精准、简洁，聚集是准确性的提高，也是聚焦式的整体的简洁，由此可见精准与简洁双重标准的版本学思想在官方文献整理中所起的关键作用。

二、唐代版本学

唐由隋的短暂统一接续而来的长期统一让其以更自信的面貌存在，无论政治环境，还是思想文化环境都是自信的，治学也表现出这样的自信，而版本学以文献的表征去回应这一时代特征，即是精准与简洁双重标准的

① （唐）魏征，撰 . 隋书·二十四史 [M]. 北京：中华书局，1999 年，第 867 页 .

版本学思想在这一时代的更有力表达。

以温大雅为代表的温氏家学首当其冲地以家族版本学表达这样的理念。《旧唐书》温大雅传记载："……父君悠，北齐文林馆学士。……大雅性至孝，少好学，以辨才知名。……大雅将改葬其祖父，筮者曰：'葬于此，害兄而福弟。'大雅曰：'若得家弟永康，我将含笑入地。'……大雅子无隐，大雅弟彦博。……彦博……有口辩，涉猎书记。初，其父友薛道衡、李纲常见彦博兄弟三人，咸叹异曰：'皆卿相才也。'大雅弟大有……性端谨，少以学行称。初，大雅在隋与颜思鲁俱在东宫，彦博与思鲁弟愍楚同直内史省，彦将与愍楚弟游典校秘阁。……二家兄弟，各为一时人物之选。少时学业，颜氏为优；其后职位，温氏为盛。"[①] 温大雅家世经学，家风严谨，以严谨的家风传承家学，故温大雅弟温彦博处职"典校秘阁"，整理经典文献版本，且温大雅也在朝为官，温彦博受兄的影响对经典文献版本整理工作尽心尽力，是因为兄以严谨的家风传承家学对他的指示，所以他会在秘府任职，整理经典文献版本，是家世经学过程中积累的经典文献版本整理思想的表达，是把家族版本学的观念应用于朝廷内府经典文献版本的整理上，是把家族版本学思想向官方的传播，让家族版本学在更广阔的领域延展。而由严谨家风而来治学的谨肃，让家族版本学的思想也是谨肃的，这谨肃是版本整理的精准与简洁，因为精准是谨肃的逻辑严密，简洁是逻辑严密的清晰条理，所以精准与简洁成为版本整理的双重标准，以此表达具有精准与简洁双重标准的版本学思想，是版本经典意义在有序层面的延展。温氏家族版本学以这样的面貌存在，并把精准与

① （后晋）刘昫等，撰.旧唐书·二十四史[M].北京：中华书局，1999年，第1593页.

简洁的家族版本学理念拓展到官方的版本整理上，让温彦博以家风而来的严谨的态度任职秘府，并以兄温大雅“与颜思鲁俱在东宫，彦博与思鲁弟愍楚同直内史省，彦将与愍楚弟游典校秘阁”，温氏与颜氏都是兄弟同在朝的景象说明温氏精准与简洁的家族版本学理念在官方的影响，温氏弟与颜氏弟同任校职即是明证，颜氏整理版本必受温氏的影响，所以史书作者有“少时学业，颜氏为优；其后职位，温氏为盛”的说明。由此，温氏双重标准的家族版本学思想以拓展官方的形式扩大其影响，以家学自信回应时代特征。

房玄龄出身经学世家，以朝廷重臣担起版本整理的职责。《旧唐书》房玄龄传记载：“……父彦谦，好学，通涉五经。……玄龄……博览经史，工草隶，善属文。……寻与中书侍郎褚遂良受诏重撰《晋书》。于是奏取太子左庶子许敬宗……分功撰录，以臧荣绪《晋书》为主，参考诸家，甚为详洽。……书成，凡一百三十卷，诏藏于秘府。……玄龄尝诫诸子以骄奢沉溺，必不可以地望凌人。故集古今圣贤家诫，书于屏风，令各取一具，谓曰：‘若能留意，足以保身成名。’”[①] 房玄龄整理《晋书》，参考诸家版本，择优而取以成此史书的优良版本，以尽其在朝的职责。而房玄龄对子的诫语则是以家风的形式把他传承下来的家学让子以严谨的态度治学，而版本整理的思想也在此家学传承之列，由版本整理而来的善本观因为家风的严谨而成精准与简洁并行的家族版本学思想，以对子的诫语形式延续下去，后世同样以这样的形式以严谨的家风传承这一双重标准的家族版本学思想。而以家学形式的延续则是对时代特征的回应，延续性的自信

① （后晋）刘昫等，撰.旧唐书·二十四史[M].北京：中华书局,1999年，第1659页.

是自信的时代特征的反映。

魏征与房玄龄同为朝廷重臣，同样有着具有时代特征的精准与简洁双重标准的版本学理念。《旧唐书》魏征传记载："……好读书，多所通涉。……贞观二年，迁秘书监。……征以丧乱之后，典章纷杂，奏引学者校定四部书。数年之间，秘府图籍，粲然备矣。……征以戴圣《礼记》编次不伦，遂为《类礼》二十卷，以类相从，削其重复，采先儒训注，择善从之，研精覃思，数年而毕。太宗览而善之，赐物一千段，录数本以赐太子及诸王，仍藏之秘府。"[①] 魏征整理秘府四部文献，以多种异本进行校正，整合各本的优良之处增益四部的版本，而让四部的版本尽可能完善成精准与简洁具备的善本。且具体地以《礼记》的版本整理，表达这样的版本观。《礼记》的版本杂乱，魏征详参收集的佐证材料，厘清各版的顺序，去除重复，把阐释精良之处提取整合成优良版本，在此过程中的条理清晰及由阐释而来的准确，是精准与简洁双重标准版本学思想的表达。魏征的忠于职守让他做着这样的回应时代特征的努力。

颜籀家世经学，同样有着依据经典的精准与简洁并重的版本学思想。《旧唐书》颜籀传记载："颜籀，字师古，齐颜之推孙也。父思鲁，以学艺称，……师古少传家业，博览群书，尤精诂训，善属文。……太宗以经籍去圣久远，文字讹谬，令师古于秘书省考定《五经》。师古多所厘正，既成奏之。太宗复遣诸儒重加详议，于时诸儒传习已久，共非之。师古辄引晋、宋已来古今本，随言晓答，援据详明，皆出其意表，诸儒莫不叹服。……命师古注班固《汉书》，解释详明，深为学者所重。……太宗令

① （后晋）刘昫等，撰．旧唐书·二十四史 [M]. 北京：中华书局，1999 年，第 1717 页．

编之秘阁。……永徽三年……又表上师古所撰《匡谬正俗》八卷。高宗下诏付秘书阁。”[①]颜籀收集各种异本，考证秘府五经的错漏，进行校正，而成完整的善本。并以这样的方法注解《汉书》，考证多方异本对秘府《汉书》进行逻辑严密的阐释，生成的校注本准确性高而又明晰简洁。可见，由版本整理到注解本的生成，颜籀一直在实行他的精准与简洁双重标准的版本学理念。且在此过程中，有相当的家学因素的增益。“师古弟相时，亦有学业。撰《汉书决疑》十二卷，为学者所称，后师古注《汉书》，亦多取其义耳。”[②]颜籀注解《汉书》，资取弟所撰《汉书决疑》中的材料考证并进行注解，可见颜氏家学治学严谨，多有校正之法，由此而来的精准与简洁，让颜籀以这样的理念整理秘府经典文献的版本。所以他在以实际行动拓展精准与简洁双重标准的家族版本学思想在官方的影响，并以此回应时代特征。而校正五经时，对“晋、宋已来古今本”的引证，则是以崇古的观念依据古本考今本的相异之处是正确还是错误，并把分析的结论用于秘府五经的整理。这里由崇古而来的对经典精准意义的复归也是颜籀精准与简洁双重标准版本学理念形成的因素，崇古观念又以家族延续性的要素让精准与简洁双重标准成为家族版本学思想的核心。

元行冲则以经学各学派的分析，以各学派对儒经经典文献的治学产生的各种版本的关系说明具有时代特征的版本学思想是以经典为核心的学术发展的必然。《旧唐书》元行冲传记载：“先是，秘书监马怀素集学者王俭《今书七志》，左散骑常侍褚无量于丽正殿校写四部书，事未就而怀素、

① （后晋）刘昫等，撰.旧唐书·二十四史[M].北京：中华书局,1999年，第1752页.
② （后晋）刘昫等，撰.旧唐书·二十四史[M].北京：中华书局,1999年，第1753页.

无量卒，诏行冲总代其职。于是行冲表请通撰古今书目，名为《群书四录》，命学士鄠县尉毋煚……等分部修检，岁余书成，奏上之。”[①]元行冲接续马怀素、褚无量对秘府四部文献的校理收集大量异本为考证的材料，最后把校理的成果著录在《群书四录》里，这是接下来经学各学派异本分析的基础。初，用魏征所注《类礼》，上遽令行冲集学者撰义疏……行冲于是引国子博士范行恭、四门助教施敬本检讨刊削，勒成五十卷。……退而著论以自释，名曰《释疑》，其词曰：“主人答曰：‘……理纷拿之典……而犹缉述忘疲，闻义能徙，具于《郑志》，向有百科。’……王肃因之……或多改驳，仍按本篇。……又郑兴之徒，有孙炎者……乃易前编，自后条例友分，箴石间起。……叶遵删修……魏公……经文不同，未敢刊正……其有注移往说，理变新文……”客曰：“‘子雍规玄数十百件，守郑学者……诏王学之辈，占等以闻。’……卜商疑圣……得尚书注……凡有两卷，列于其集，又王肃改郑六十八条。”[②]元行冲对《礼》经版本的整理，依校正之法，弥补缺漏，去除繁杂、重复，而成优良的定本。并由此进行总结，对经学各派的异本比较，说明它们的异同。郑学与王学作为不同学派对儒经文献的治理而成的各具学派特征的版本成为他们相互争论的依据，在此过程中，其他学派的介入则因为治学不严，轻易改修古本，未有成绩，而郑学与王学虽然对峙，但依据古本的谨慎，让他们各自学派的异本，虽然存在差异，相互驳斥，但都是严守经典意义的优良版本，符合精准与简洁并行的标准，因为王肃的“仍按本篇”，就是以对古本元

---

① （后晋）刘昫等，撰 . 旧唐书 · 二十四史 [M]. 北京：中华书局，1999 年，第 2152 页 .

② （后晋）刘昫等，撰 . 旧唐书 · 二十四史 [M]. 北京：中华书局，1999 年，第 2153 页 .

版的谨慎而来的逻辑严密，以及“改郑六十八条”去除繁杂的简洁，表达精准与简洁并行的思路。而元行冲在《释疑》中对此的分析，即是要说明精准与简洁双重标准的版本学理念是经学依据经典意义治学发展的必然，而经学的发展在不同的时代环境中会带上这样的时代特征，所以其精准与简洁并行的思路会对时代做出回应，在唐代自信的时代特征下，精准与简洁的并行是最好的回应，由此而来的精准与简洁双重标准的版本学思想也是对时代特征的有力回应。

第三章　宋元版本学

这一时期的版本学依据宋元的环境，是统一的递进性发展。即统一随着由宋到元前后连接而递进。这一阶段的理学思想环境给予版本学的是以血缘关系为基础的道德性理法则。宋的严谨，元对宋的依据，联系成始终在进行崇文与崇用关系辨析的过程。而血缘关系的基础决定这个时期崇文与崇用的辨析延展出家族版本学的时代特征。特别需要注意的是宋元的统一递进性的时代特征，让递进成为宋元的意义表达，它的发展是更快节奏地趋向积极进步，所以由宋到元是统一递进性地向前，递进性是时代特征的核心，也是版本学治学的核心。

第一节　宋代版本学

宋代版本学是统一表达的开始，且统一是递进性的，随着时间的推移递进性地发展，整个社会环境都在递进发展，无论是政治，还是思想，递进性成为时代的特征，而版本学思想因为文献的表征也以递进性为核心。理学在宋的兴盛成为思想主流，经学以理学的形式表达，理学的道德性理注重性情的道德理性，理学家对内在道德理性的重视与外在经世致用并行，理学既讲究道德性的修养，又讲究其具体的实用。加之宋元市民文化由唐而来的递进发展，市民思想更注重实用的价值。由此形成了崇文与崇用并行的思维模式，而版本学思想同样有这样的特征。递进性的发展表现为崇文与崇用关系辨析的上升，用崇文的积累带来崇用的实用性的充分发挥。所以崇文与崇用的并行是递进性的表达。版本学思想因为以递进性为核心而具有崇文与崇用并行的特征。

一、尤氏家族版本学带来的家族版本学与官方版本学并行

宋的版本学家皆以这样的版本学思想促进版本学的发展。著名的版本学大家尤袤首当其冲担起这一责任，用他的《遂初堂书目》版本整理的实际行动表达崇文与崇用并行的思想，并在实际的运用中进行总结促其发展。魏了翁在《遂初堂书目》的跋语中对尤袤的这一思想进行了详细的说明："予生晚不及拜遂初先生，闻储书之盛。又恨不能如刘道原假馆于春明者。宝庆初元冬，得罪南迁，过锡山访前广德使君，则书厄于火者累月矣。为之彷徨不忍去。因维国朝以来藏书之盛，鲜有久而弗厄者。孙长孺自唐僖宗时为榜书楼二字，国朝之藏书者莫先焉。三百年间再毁于火。江元叔合江南吴越之藏，凡数万卷，为臧仆窃去，市人裂之，以借物。其入于安陆张氏者传之未几，一箧之富，仅供一炊。王文康、李文正、庐山镏壮兴，南阳并氏皆以藏书名，未久而失之。宋宣献兼有毕文简、杨文庄二家之书，不减中秘。而元符中，荡为烟埃。晁文元累世所藏，自中原无事时已有火厄，至政和甲午之灾，尺素不存。斯理也殆不可晓，圣贤不过托之宪言以垂世示后，所以共天命而人彝也。兼收并蓄，博览精索，以淑其身，以待后之人。

此何辜于天而厄之已极也。使子孙不能守如江张王李诸家，是固可恨。若孙宋晁氏则子孙知守矣。而火攻其外。矧如尤氏子孙克世厥家，滋莫可晓。虽然是穮是蓘，虽有饥馑，必有丰年，吾知穮蓘耳，丰凶非我知也。尤氏子孙其尚思，所以勿替先志云。”（尤袤《遂初堂书目》）[①]

各版本学家藏书不易，不能长期储存，因为储存需要长时间，长时间会造成多种变化，如火灾是最易造成藏书佚失的原因，所以他们的藏书多因火灾损毁。而藏书是世代相传的，是家学传承的媒介，佚失造成家学延续的障碍，所以版本学家特别重视藏书的保存，特别是世代延续的保存，因为藏书的完整才能保证版本的完整，版本的完整是家学得以完整延续的保证，也是家族版本学完整性的保证。版本学家是以藏书版本的完整促进家学的延续，也是促进家族版本学的发展，因为版本的完整是家学包括家族版本学治学的先决条件，材料的完整才能使治学有广阔的视域，而广阔的视域是治学得以在质与量上不断提升的驱动。所以版本学家是在以藏书的版本完整促进家学直至家族版本学的发展。发展是对递进性的表达，在这个意义上，版本学思想是以递进地发展回应时代特征。以递进地发展回应时代特征。而这样的递进是以崇文与崇用的并行来表达的。宋的理学环境让这些版本学家皆是以理学治学为背景的，理学的崇文与崇用辩证关系，是崇用加强崇文的应用性，或者说崇文是以崇用为目的的，这是中古的时段性使然，市民思想的实用性是重要因素，理学让崇文与崇用的并行成为版本学家的思维模式。由

① （宋）尤袤，撰．遂初堂书目·宋元明清书目题跋丛刊·宋代卷 [M]. 北京：中华书局，2006 年，第 502 页．

崇文到崇用的目的是递进性发展的驱动，所以成为以递进性发展为核心的版本学思想的应用性特征，也成为版本学家具有时代特征的版本学思想。

尤袤的《遂初堂书目》是这样的版本学思想的表达，以尤袤为代表的尤氏世代以藏书的完整保存而来的版本完整为务，虽然历尽艰苦，但他们以严谨的家风恪尽职守，使藏书的完整版本得以世代相传，在长时段中延续，并依此形成了崇文与崇用并行的版本学思想，以此达到家族版本学的递进性发展的目标。尤袤的《遂初堂书目》就是尤氏这样的版本学思想发展的成果与表现。

以尤袤为代表的尤氏以家藏文献为介的家族版本学，以及上述的各版本学家依据家藏文献的家族版本学，可见在宋代依据家族藏书的版本治学已经以其宏大的规模自成系统，可以与官方文献的版本治学相比较。《崇文总目》作为官方版本学的代表，是版本学家奉敕编撰的，版本学家背后具有家学文献宏大规模的家族版本学让他们自然地把家族版本学理念用于官方版本学的治学中，并以可与官方版本学相比较的地位让它不仅是官方版本学的补充，更以与官方版本学的并行推动整个时代版本学的发展。《崇文总目》原序："东晋三千一十四卷，李序校，孝增益三万余卷，徐度校。"① 即是以版本学家连接的家族版本学与官方版本学并行的明证。而崇文与崇用并行的版本学思想是家族版本学的治学模式，也是官方版本学的治学模式，由崇文到崇用的目的以这样的思路把家族版本

① （宋）王尧臣等撰，（清）钱东垣等，辑释．崇文总目·宋元明清书目题跋丛刊·宋代卷 [M]. 北京：中华书局，2006 年，第 7 页．

学与官方版本学联系起来，通过这样的联系回应带有中古时段性的时代特征。

二、王氏家族版本学带来的家族版本学与官方版本学并行的深化

以王安石为代表的王氏家族的版本学治学经历足可明证上述结论。《宋史》王安石传记载："……父益，都官员外郎。安石少好读书，一过目终身不忘。其属文动笔如飞，初若不经意，既成，见者皆服其精妙。友生曾巩携以示欧阳修，修为之延誉，擢进士第，签书淮南判官。……安石议论高奇，能以辨博济其说，果于自用，慨然有矫世变俗之志。……俄直集贤院。……明年，同修起居注。安石训释诗、书、周礼，既成，颁之学官，天下号曰：'新义'。子雱性敏甚，未冠，已著书数万言。时安石执政，所用多少年，雱亦欲预选，乃与父谋曰：安石欲上知而自用，乃以雱所作策及注《道德经》镂板鬻于市，遂传达于上。……神宗数留于语，受诏撰诗、书义，擢天章阁待制兼侍讲。"[①]王安石注解经书文献生成的版本被称为"新义"，是以王氏家学世代治经的深厚背景为支撑的，治经过程中对经典文献版本的整理让其有丰富的经验与思想，而王安石的"新义"正是这样的版本学思想的成果。接下来王安石子同样以治经传承这样的版本学思想，"亦欲预选"，并有"执政子虽不可预事，而经筵可处"语，即是以崇文到崇用的版本学思维模式表达这样的家族版本学思想。而王安石把子所作在书坊刻板，并把此版上书于朝廷，之后子于天章阁整理文献版本，即是

① （元）脱脱，撰．宋史·二十四史 [M]. 北京：中华书局，1999 年，第 8467 页．

以此把家族版本学与官方版本学联系起来的明证。

而王安石弟王安礼继续把家族版本学思想应用到官方版本整理的实际行动，是以家族版本学的延续加强官方版本学的治学。“安石当国，辞，以为著作佐郎、崇文院校书。……迁直集贤院……苏轼下御史狱，势危甚，无敢救者。安礼从容言：‘自古大度之主，不以言语罪人。轼以才自奋，谓爵位可立取，顾录录如此，其心不能觖望。今一旦致于理，恐后世谓陛下不能容才。’帝曰：‘朕固不深谴也，行为卿贳之。卿第去，勿漏言，轼方贾怨于众，恐言者缘以言卿也。’李定、张璪皆摘使勿救，安礼不答，轼以故得轻比。”① 王安礼任职，是继续以家族版本学发展官方版本学，而在此过程中其出于家风的正直品行让他义无反顾地去救助身陷囹圄的苏轼，是对以优良的家风维系的家学的治学积累的应用，他的学识让他有自信敢于上表君王救助苏轼，而这样的学识因为根植于家风让他深刻认识到家学到其学识的实用是家学延续的目的，所以包括在家学内的家族版本学崇文与崇用并行的思路因为他在“崇文院校书”应用到官方版本学的治学中。

而王安礼弟王安国更是以优良的家风通过自己治学的努力传承家学，包括家族版本学，并努力于家族版本学与官方版本学的连接。“幼敏悟，未尝从学，而文词无成。年十二，出所为诗、铭、论、赋数十篇示人，语皆警拔，遂以文章闻于世，士大夫交口誉之。于书无所不通，数举进士，又举茂材异等，有司考其所献序言为第一，以母丧不试，庐于墓三年。”① 王安礼“献序言”于上即是在以实际行动把家学文献版本整理的成果上达

① （元）脱脱，撰．宋史·二十四史 [M]. 北京：中华书局，1999 年，第 8467 页．

于朝廷，是源于家风到家学的实用性观念使他做着联系家族版本学与官方版本学的努力。庐于母墓的行动出于的严谨的家风观念是他做着这样努力的动力，让他以极大的责任心去用家族版本学思想推动官方版本学的发展。而这样的行动出于崇文到崇用的思路，是以经典文献的版本整理而来的经典意义的表达，崇文到崇用即是经典意义在这个层面的拓展，由此崇文与崇用并行的版本学思路达到由家族版本学到官方版本学的一致，以家族版本学与官方版本学并行发展的局面回应时代特征。

第二节　元代版本学

元代继续以王朝的统一做着统一递进发展的努力，而元代版本学同样以递进性为核心，但元代作为异族统治，游牧民族的生活方式而来的简洁（简洁的意义在元代的时代特征下是便捷）的思维模式，让版本学思想也有这样的简洁的特征，所以崇文到崇用的思路更注重简洁的便捷性。另外，作为异族对宋的先进性学习是其固有的思维，所以作为刻本之初的宋本在元代版本学家观念中是善本的标志。不管怎样，元代版本学更注重崇文到崇用的便捷，这是时代发展的必然。

元代书院对文献版本整理而来的版本学思想，尽可能地表达了崇文到崇用的便捷的思路，因为书院的特性，师徒授受的治学方式把家族版本学与官方版本学以此为介连接起来，促使其朝着崇文到崇用的便捷方向向前发展。《元西湖书院重整书目》即是书院以这样的思路治理版本学的成果，且以施渊在附录中的说明表达这样的版本学思想。“皇帝圣旨里江浙等处儒学提举司，至元二年十二月初六日承奉江浙等处行中书省，掾史崔适承行札付准中书省，咨礼部，呈奉省判、翰林国史院，呈据待制诸端。修撰王文煜，应奉黄清老，编修吕思诚、王沂、杨俊民等呈。窃惟一代之兴，斯有一代之制作。然文字虽出于众手，而纂述当备于一家。故秦汉魏晋之文则有文选拔其萃，而李唐赵宋之作则有文粹、文鉴掇其英。矧在国朝文章尤盛，宜有纂述以传于时。于以敷宣政治之宏体，辅翼史官之放失，其于典册不为无补。伏观奎章，阁授经郎。苏天爵自为国子诸生，历官翰林，僚属前后，辑殆二十年，今已成书为七十卷。凡歌诗、赋颂、铭赞、序记、奏议、杂著、书说、议论、铭志、碑传，其文各以类分，号曰：'国朝文类。'虽文字固富于网罗，而去取多关于政治。若于江南学校钱粮内刊板印行。岂惟四方之士，广其见闻，实使一代之文焕然可述矣。具呈照详，得此本院看详，'授经郎苏天爵所纂文类去取精详，有裨治道，如准所言，移咨南行省，于赡学钱粮内锓梓印行'。相应具呈照详，奉此本部议，得翰林待制谢端等官建言：'一代之兴，斯有一代之制作，参详上项，国朝文类七十卷，以一人之力搜访固甚，久而天下之广著述，方无穷，虽非大成，可为张本，若准所言，锓梓刊行，以广其传，不唯太平，有裨于昭代。抑亦铅版相继，可望于后人。如蒙准，呈宜从都省，移咨江浙行省，于钱粮众多学校内委官提调，刊勒流布。'"[①]《国朝文类》一书的刊板印行，由各级官员上表建议由书院负责，之所以对此书如此重视，施渊说得很明白，因为其作为元代的经典之作，上承秦汉魏晋的《文

① （元）胡师安等，撰．元西湖书院重整书目·宋元明清书目题跋丛刊·元代卷 [M]. 北京：中华书局，2006 年，第 5 页．

选》、唐的《文粹》、宋的《文鉴》而来，是接续前代的成果并进一步发展，由此表达了递进性发展的版本学思想。而《文类》的刻板可世代相传，有利于后人，则是以家族版本学的延续性表达官方版本学的发展方式与意义，书院刻板因为书院的特性以师徒授受具有家族延续性而以家学的形式相传，所以书院刻板本身具有家族的延续性，而在此过程中，书院刻板以世代相传的方式拓展其应用性，是在表达崇文到崇用的版本学思路，对刻板实用性的关注，则是把崇文到崇用的焦点放在便捷的目的上，所以简便易行是刻板最重要之处，以此表达崇文到崇用的便捷具有时代特征的版本学思想。而刻板在各级官员的建议下由书院负责，则是以此为介把由书院而来的家族版本学思想应用到官方版本学的治学中，推动其发展。“既已委自西湖书院山长计料工物价钱所需，赡学钱遵依省准明文已行，分派各处。”[①] 明确了西湖书院负责此书的印行，所需资费统筹安排，则是以书院刻板为介协调各方，这本身也是家族版本学到官方版本学协调一致的观念表达。“催促疾早支拨起发外，其于刊雕誊写之时若有差讹，恐误文献。陈登仕不妨本职校勘缮写，监督刊雕，疾早印造完备。”[②] 则是为了刻板的顺利进行，先对内容进行校正，校正本是刻板的依据，保证刻板的准确，由此依据经典意义而来的优良版本表达了崇文到崇用的便捷的版本学思想，因为既保证刻板的准确，又保证刻板的效率，是在以便捷为目的注重实用性。而优良版本的善本意义则在经典的层面拓展了崇文到崇用

① （元）胡师安等，撰．元西湖书院重整书目·宋元明清书目题跋丛刊·元代卷 [M]. 北京：中华书局，2006 年，第 5 页．

② （元）胡师安等，撰．元西湖书院重整书目·宋元明清书目题跋丛刊·元代卷 [M]. 北京：中华书局，2006 年，第 5 页．

的便捷意义。

“太常礼仪院书籍损缺，于江南行省所辖学校书院有板籍去处，印造装裱起解以备检寻，无复缺文之意。《国朝文类》二部……据西湖书院申交劄到。《国朝文类》书板于本院安顿，点视得内有补嵌板，而虑恐日后板木干燥脱落，卒难修理，有妨印造。况中间文字刊写差讹，如蒙规划刊修，可以传久，不误观览。到西湖书院典故书籍，《国朝文类》见行修补拟合，委令师儒之官校勘明白，事为便益奉此。除已委令本院山长方员同儒士叶森将刊写，差讹字样比对校勘明白，修理完备。……近在大都于苏参议家获观元编集，检草校正，得所刊板本第四十一卷，内缺少下半卷，计一十八板九千三百九十余字，不曾刊雕。又于目录及各卷内辑正得中间九十三板脱漏差误，计一百三十余字。盖是当时校正之际，失于鲁莽以致如此，宜从本司刊补改正，庶成完书。”[①]施渊在这里详细说明了《国朝文类》刻板印行之后，因时间长久出现了许多问题。礼仪院的藏板有错讹缺漏，需要用西湖书院的原版进行校正，于是山长等人依据原版弥补缺漏，修正错讹，让此版完备。且礼仪院其他书籍的缺损也是由江南各书院的原版补足。可见书院有能力刊成优良的善本，为官方版本资取，是以书院为介促使家族版本学与官方版本学的并行与发展。而施渊在大都苏参议家所见的所谓原集是流播于世的再刻本，不免有错漏之处，需要用礼仪院依西湖书院已补正完备的版本进行校正，以资说明在世传播的书坊刻本多错讹，没有书院到官方的版本优良，这也证明以书院为介的家族版本学到官方版本

① （元）胡师安等，撰.元西湖书院重整书目·宋元明清书目题跋丛刊·元代卷[M].北京：中华书局，2006年，第5页.

学的一致是书院作用的充分发挥所致。所以书院版本整理的丰富经验把崇文到崇用的便捷的版本学思想充分发挥，并以此连接家族版本学与官方版本学，是元代具有时代特征的版本学发展的有力例证。

第四章　明清版本学

明清接续宋元，以继续的统一强烈表达明清的时代特征，即明清越来越趋向实用。明心学下复古与新变的并存，清朴学下的实证，把崇文到崇用的实用趋向进一步延伸，用因古而新，以及立足实际的实证思想回应这样的时代需要，因此这一时期的版本学思想也带上了这样的特征。

第一节　明代版本学

明代版本学以复古与新变并存的形式表达因古而新的思想。版本学家也以版本整理的实际表达这样的版本学思想，由复古与新变并存而来的因古而新的思路是对实用趋向的深化，因为是从前人的版本学成果中学习并发展，生出新意，且是实用性深化的新意。明清家族组织的坚固性使其作用要大于明清，家族版本学成为可以与官方版本学抗衡的组成部分。所以家族版本学在这一时期的作用更大，与官方版本学一起成为整个时代版本学的整体，而且在这个整体中家族版本学占有相当的比重，对官方版本学有着重要的积极影响。

一、因古新变为核心的钱氏版本学

钱溥版本整理的成果《秘阁书目》虽然是对官方文献版本的整理，但是他在官方行为中实践由深厚的家学背景而来的家族版本学思想，并以此推动官方版本学的大踏步向前，由此让家族版本学与官方版本学并行发展成就整个时代版本学的发展，且是以因古新变的思想而来的实用性深化的发展。钱溥在《秘阁书目》序说：“具载天地人物之常，古今治之忍之异，莫备于六经。而与卫乎六经则莫详于诸儒传注与夫诸史百家。稗官小说之类莫不有理寓焉。人灵于物而称儒，于人苟不备，是理于一已达，则何以兼善于天下？此书所以不可以不读也。读则何以尽天下书而读之哉？溥自举正统已未进士，明年诏选入东阁为史官，日阅中秘书书。凡五十余大厨，森然如检武库兵，而目不暇接也。浩然如望海洋而芒无际涯也。虽欲尽之，恐皓首不能。于是仅录其目，藏以待考。近吾子山自京授职回，又未收书目，芟其重复，并前为一集。而请曰：‘原序焉。’余乃叹曰：‘此固能传矣，而如其约何？使徒不会于约，汗漫而无归，徒学而不见，诸有亦空腐于山林，则儒者所通患也。汝当知书以一中，为帝王禅位之本，传以一贯，见圣贤授道之要，是岂徒务悦乎哉？先悦而后约可也。’其勉之，故序。”[①]钱溥整理秘阁文献版本而成《秘阁书目》，是出于读书的目的，由读书而来的学识积累是能成为通晓事理的儒者的先决条件，所以读书必治经，治经必要有经典文献的版本整理，于是有《秘阁书目》。而在书目的编写过

① （明）钱溥，撰 . 秘阁书目·宋元明清书目题跋丛刊·明代卷 [M]. 北京：中华书局，2006 年，第 217 页 .

程中，先有前集，之后其子又把未收文献的版本详加整理，去除重复之处，与前集合为一集，是由钱溥到其子以家学相传的形式完成的。钱溥在对子的言语中明确了这一点，“传以一贯”即是此书目由父到子的相继，且这是家族版本学延续的形式，即《秘阁书目》是家族版本学延续的载体。“一”的由上到下的一致，是家族版本学延续的一致，是由上到下的因古而新的版本学思路。而书目的官方文献版本整理则以此为介把家族版本学与官方版本学联系起来，需要注意的是，《秘阁书目》首先是以家学的形式出现，由钱溥到其子的合为一集充分说明了这一点，所以家族版本学与官方版本学的并行是以家族版本学对官方版本学施以积极影响而成的版本学整体来表达的。且因古而新的版本学思路使这一整体以实用性深化的趋向回应时代特征。

《秘阁书目》以家族版本学的形式对官方版本学影响在接下来的秘阁文献收集与版本整理的实际行动中被明确地印证了。钱溥《秘阁书目》中进行了详细的记载：“元至正初史馆遣属官驰驿求书，东南异书颇出，时有蜀帅组邻之孙尽出其家编，游江南四五年间得书三十万卷，朔峡归蜀，可谓富矣。今江西在江南故称文献故乡，于来访之藏书甚少，间有一二新目。北方载至亦无甚奇书，而游中尤为彼善，若吴中则有群袭有精美者矣。太宗皇帝肇建北京，敕翰林院几南京文渊阁所储古今一切书籍，自一部至有百部以上，送京，余悉对职收储如故。永乐四年从解缙之请，召礼部尚书郑赐令择通知典籍者，四出购求遗书。”[①]江西与江南文献甚富，异本甚多，

① （明）钱溥，撰．秘阁书目·宋元明清书目题跋丛刊·明代卷 [M]. 北京：中华书局，2006 年，第 217 页．

特别是吴中有家族世代相继的优良版本，于是把这些丰富的优良版本收集于南京文渊阁，后由南京送至北京。永乐四年（1406）又诏令四方收集秘阁缺少的精良异本。可见民间所藏异本是官方版本的有力补充，从质与量上保证官方版本的充实。而这些从民间收集的优良版本多藏于世代相继的以家学形式存在的世家大族。由此可见家族版本学对官方版本学的重要作用，家族版本学以其充分的实力与官方版本学并行，并对其施以积极影响，从而以家族版本学驱动力推动双方的共同发展。而家族版本学的延续性则以贯彻因古而新的思路让两者的发展带上实用性深化的时代特征。

二、因古而新为核心的毛氏版本学

毛晋是明代著名的版本学家，在刻书、收藏异本方面做了许多工作，他在版本学上的贡献是以家族版本学的治理让家族版本学有相当的实力可以与官方版本学抗衡，并以家族版本学的发展促进官方版本学的发展。所以毛晋之友孙房在毛晋所辑《隐湖题跋》的序言中对此作了详细的说明："盖提纲弗富者不足订柳卯之伪，识力不张者难以悟桃莱之失。慨自简编虽多，共秘青箱，间有流行，金根误改。海内缀学之士，莫不益携于兹，思得一充汉之储，加闻持之。慧者起而仔肩其任，开示后来焉。兼而两之，窃有人矣。海虞子晋兄者，图书耽嗜，性莫能迁。雅好既纯，奇缘巧集。以是鸿文秘册皆不胫而前，而蠹蚀鼠余，更时灵合，岂鬼神逞异，阴相之然？抑历礼文人敷赐，余蕴现身而出也耶。余幸承清举，见其偶获一编，则静畅绵宵，顿忘食息欲。流布一集，见其含咀英华，披寻参错，既遍穷于翻阅，复取断于文心。叹惜不禁，平章斯在，遂濡笔墨跋，以数言缀之篇终，供其来叶，积时成帙，汇作巨观。使览者释疑团，则拓陋痼弥所恨，而沃所望真，监可神契，千秋横可缔交九囿矣。非侈语也。敢以见闻，质诸同志。”[①]毛晋于四方搜求异本藏于家，进行版本整理，对其错讹之处依据所有丰富材料详加考证，谨慎结论，并把版本校正的思想记录下来，以家学的形式前后相继，“以数言缀之篇终，供其来叶”，久而久之积累了丰富的版本学治学成果，汇著成集，则有众多的关于版本学思想的著述，成为家族版本学的承载。毛晋版本校理的过程中，遇到很多刻板缺漏错讹的情况，对此的校理异常艰辛，也让其积累了很多校理的经验，成为实用性很强的丰富的家族版本学成果，这是由版本整理的实绩而来的实用价值，是实用性深化的时代版本学的表达。而版本整理过程中，依古本的优良校正今本的错讹，以今本的实用拓展古本的价值，是以因古而新的思路通过整理成果的前后相继以家族版本学的延续回应时代版本学。而毛晋诸多的由版本校理实绩而来的版本学著述，说明在明代家族版本学是足以和官方版本学抗衡的，以其充分的实力在自身发展的同时促进官方版本学的发展。

第二节　清代版本学

清代版本学作为明清的最后一个阶段，充分显示了这样的时代特征，即以朴学的实证方法依据实际的考证趋向实用，进一步深化实用性，来回应明清的时代特征，并结束明清向近代前进。而在此过程中，家族版本学

① （明）毛晋，撰．隐湖题跋·宋元明清书目题跋丛刊·明代卷 [M]. 北京：中华书局，2006 年，第 454 页．

以其强劲的势头、开放的思想，进一步发展其在时代版本学中的作用，与官方版本学平行，可以说在推动时代版本学的发展中与官方版本学有平等的地位。版本学家都以版本学治学的实际行动的努力表达着这样的版本学思想。且清代的版本学家众多，取得了超过前代的版本学成果，则是作为近古的结束阶段为走向近代做好充分的准备。

一、吴氏为代表的家族版本学与官方版本学平行

吴寿阳以版本学家锐意革新的气势以家族版本学的大踏步发展回应近古走向近代的时代趋向。管庭芬在吴寿阳的《拜经楼藏书题跋记》的跋语中对此进行了肯定的说明："国初吾邑东南藏书家推道古楼马氏，得树楼查氏，盖两家插架多宋刻元钞，而于甲乙两部积有异本，其珍守数世……兔床先生……世以文章经术著称。先生博综好古，纂述宏富，值马氏、查氏遗书散布人间，先生偶得其残帙，流连景慕，每系跋语以寄其慨，迨后搜讨益勤，兼于是门武林诸藏书家互相钞校，并与同邑周松霭大令、陈简壮征君赏奇析疑，获一秘册，则共为题识。……故拜经楼藏书，足与道古、得树二家后先鼎峙。……其中辨误析疑，兼及藏书之印记，书版之行款，钞书之岁月，莫不详识。海昌遗老之载籍，世鲜传本，并为著录。生沐广文，谓拜经题跋，实胜《读书敏求记》，欲广其传，乃属庭芬偕许君光请校写付梓。"[①] 吴寿阳以其深厚的学识，搜访邑中遗书，同邑一些世家大族的藏书散落于世的被其收集起来，并进行版本整理，在与友人的交流中以更

① （清）吴寿阳，撰 . 拜经楼藏书题跋记·宋元明清书目题跋丛刊·清代卷 [M]. 北京：中华书局，2006 年，第 596 页 .

多的意见校正版本的错讹，弥补缺漏。且对流落于世的珍奇异本尽力搜集，之后细致分析版本，如版式、书印、刻板时间等，总结此版之所以成为善本的版本特征。而在这些方面做的大量工作，让其丰富的版本学治学成果成《拜经楼藏书题跋记》。所以以此表达的版本学思想是依据版本整理实绩而来，以实际的大量考证起到了进一步深化实用性的作用。而题跋记的刊行于世，则以更广阔空间的传播，扩大吴氏家族版本学的影响。且对同邑学者所著书籍的收集，是为了不让其原版流失，也是把吴氏家族版本学扩展为一邑版本学的强大实力，与官方版本学平行。所以，以此种种回应近古向近代前进的时代趋向。

二、瞿氏为代表的家族版本学与官方版本学平行

瞿镛以铁琴铜剑楼的家藏本进行版本整理与版本学研究的实绩《铁琴铜剑楼藏书目录》的家族版本学成就说明其足以与官方版本学平行。张瑛在序言中对此说得很明白："常熟藏书家远有端绪，自明万卷楼绛云楼钱氏遂相述，汲古毛氏实集其成，羽翼之者，述古钱氏。近之爱日、稽瑞两家继之，蕞尔一邑。储藏之富甲于东南。……铁琴铜剑楼者，昭文故里，瞿氏藏书之室也。瞿氏，瑛母家外从祖荫棠府君性好书，积十余万卷，绘检书图以见志。舅氏子雍府君搜奇罗佚不懈，仿《郡斋读书志》《直斋书录解题》例编成书目。昔唐杜星好藏书，卷后题云：'清俸买来，手自校。'子孙读之，知圣教，鬻及借人，为不孝。舅氏每援此语为儿辈谆谆告诫。瑛少时往来母家，舅氏之训，犹能略记一二。其于古书爱护之深若是。惜目未刊行，而舅氏遂即世，子敬之、睿之克承先志，延同邑王君宝之，太仓季君菘耘馆于家，任以校雠之事。长洲宋于庭先生为作书目序。书甫成，

刊经部三卷。适遭咸丰庚申之难，板毁于兵，睿之积载书籍，转徙流离，最后渡江而北，藏之海门……敬之昆仲致书，倩瑛介绍，延郡中管君申季，王君芾卿，叶君鞠裳同至故里重校，缺者补之，误者正之。……凡宋元善板暨前明诸家藏本久散四方者，留心采访，稍稍购旧，又承其伯父敬之命，增修全板。而后先人累叶未竟之业，至此告成。因思瞿氏四世以来收藏厘订，代有替人。中更兵燹，波涛之险，其书十亡六七。其目幸而获存。吾邑藏书家其必以瞿氏为后劲。”[①] 张瑛以瞿氏外亲的身份为瞿镛《铁琴铜剑楼藏书目录》作序，对瞿氏由瞿镛父到瞿镛孙四世的家藏本的整理进行了详细说明，瞿镛父收藏图书十万多卷，并对其版本进行整理校正，后瞿镛依其父所治实绩编成《铁琴铜剑楼藏书目录》，瞿镛子敬之、睿之将此书目刻板刊行，后遇兵灾刻板损毁，事件平息之后，敬之对书目进行修补，弥补缺漏，修正错讹。后敬之子又用四方搜求的宋元本及明本充实书目，而成最后的定本。瞿氏四世相继皆用力于家藏本的版本整理，以长时间的实绩积累了丰富的经验，而成家族版本学前后相承的成就。而在此过程中，版本校理进行了大量的依据实际的考证，进一步深化实用性，回应近古向近代前进的时代特征。瞿氏家族版本学的延续发展，四世相承，而每代都有可以支撑起家学的版本学家出现，并以最大的努力保证家族版本学由上到下续而不断，并发展壮大，让家族版本学以其四氏相沿并日益发展的雄厚实力，取得与官方版本学平行的地位。张瑛“吾邑藏书家其必以瞿氏为后劲”的宣告即是明证。且张瑛以外亲对瞿氏版本学的参与和肯定，则是

① （清）瞿镛，撰．铁琴铜剑楼藏书目录·宋元明清书目题跋丛刊·清代卷 [M]. 北京：中华书局，2006 年，第 383 页．

瞿氏版本学在姻亲家族的延展，是在更广阔空间的传播与更大的影响。从这个角度，瞿氏版本学在以更广阔空间的发展而有的强劲实力继续向前，回应近古向近代前进的趋向。

三、杨氏为代表的家族版本学与官方版本学平行

杨绍和以《楹书隅录》初编、续编的丰富版本学成果努力于以实证深化实用性，以家族版本学的宏大规模与官方版本学平行，以在近古结束阶段取得的巨大成就回应近古向近代前进的趋向。杨绍和子杨保彝在《楹书隅录初编》跋中对此做了肯定的说明："右《楹书隅录》正编五卷，续编四卷，最宋本八十五，金元本三十九，明本十三，校本百有七，钞本二十四，为部二百六十有八，先大夫手编。先大夫端勤公藏书也。光绪改元，吴县潘文勤公有《士礼居题跋》之刻，借稿钞原跋，或有误收未及改正。而先大夫见背既为友为借录，不无错讹。而书储里中，原稿待校；未经编入者，复十余种。报罢南旋斋归，原稿与著录各本敬为编辑，详加校补，始成定本。"[①] 杨保彝把其父录于《楹书隅录》中的家藏各代版本进行了详细的说明，可见其藏本的丰富，以家族版本学的显著成就表达与官方版本学平行的努力。而由杨绍和到杨保彝前后相继的努力，《楹书隅录》编辑过程中，由父到子而成定本，杨保彝对原稿的校正，把误收与未收之本详加整理，是因为家族版本学的延续以后世对前代接承的责任，而对父所编原稿进行整理以成更加实用的定本。所以杨氏家族版本学因为前后相

① （清）杨绍和，撰．楹书隅录初编·宋元明清书目题跋丛刊·清代卷 [M]. 北京：中华书局，2006 年，第 572 页．

继的努力的精益求精而在质与量上可与官方版本学平行，以此回应近古走向近代的时代特征。而杨保彝对父原稿的校正，以依据实际考证的客观而大胆的态度表达家族版本学治学中的开放思想是时代所需。

第三节　清代版本学对传统版本学阶段性总结下的近代化

清代作为明清的最后一个阶段，以总结性保存已有的方式结束整个传统社会，并将保存的已有延伸至近代，成为可以有所用的近代化内容。而文献作为这一时代特征的承载，清代版本学与有清一代的发展历程相一致，呈现出清初顺康、乾嘉兴盛期、道咸中后期、光绪末期的阶段性特征。每一个阶段都是以它的时代性特征总结传统版本学的已有而成近代化趋向的所有。宋代版本学因为宋刻本作为刻本之初，也因为刻印技术批量生产的有序与整齐，促成了宋代版本学理论体系的成熟，同时出现近代化的征兆。宋代私家书目的大量出现，版本学以家学的形式延续下的特征凸显与保持，是其中肯的表达。之后元代版本学的忠实于宋，明代版本学的复古与新变，都在努力于延续中的近代化趋向。而清代版本学作为一个重要的承上启下的阶段，则以阶段性的发展总结已有成果，并将它延展向近代化的所有，让结束不是简单的完结，而是转化性的发展与延续。

清代版本学顺康初期复兴式的气势，接之乾嘉兴盛期的雅正，道咸中后期的谨肃，光绪末期的简洁、整齐，是以续而不断的阶段性发展推动传统版本学的近代化。即每一个时期的阶段性特征都以对传统版本学的已有进行总结的方式推动它的近代化。所以与有清一代相始终的这四个阶段是前后相继的以其阶段性特征把传统近代化，而每一个阶段通过前后的连续阶段性递进近代化。每个阶段的版本学家通过相互交流，这里面包括以家学的形式前后相继的族裔版本学家的师承授受，以横向的融合与纵向的延续呈现版本学特征的和而不同，由此表达着阶段性的特征。则顺康初期的版本学家以相互交流的方式总结前代版本学开始有清一代的阶段发展。赵孟升把钱曾的《读书敏求记》与宋代版本学家的研究相比较，在以宋代版本学为据的情况下，呈现清初的版本学家怎样把宋作为标准，又以标准的比较高角度地开始一代第一个阶段的研究。“牧翁钱氏曰：‘聚书不同，有读书者之聚书，有聚书者之聚书。’而坡翁苏氏曰：‘诸子百家之书，近岁转相摹刻多而易致。’然夷考其时，以聚书之富，流传纪乘者，约略可屈指数。如宋宣献、毕文简、王原叔、钱穆之、王仲至，暨荆南田氏、历阳边氏、谯郡祁氏而已。而颠错丛庞，亦往往有之。惟吴中曾文、贺铸二家皆手自雠校，丹黄俨然。然则书虽易致，而聚书之雅难得。而持本读讨源流，而列墨白者之尤为难之难。自古然矣。我国家文明之治与宋称，而聚书家之多而不啻百手过之。其发为高文典册，可不论遵王钱先生，牧翁之老孙子也。以布衣聚书目……雅无愧宣献、文简诸巨公……所谓《读书敏求记》是也。”（赵孟升《钱遵王读书敏求记序跋题记》序）① 钱曾的《读书敏求记》证明了清初的版本学家在联系宋代版本学开始清代版本学之时，已经以总结宋代版本学的近代化表象发展一代第一阶段的近代化。而接下

① （清）钱曾撰，章钰，校证．钱遵王读书敏求记校证·宋元明清书目题跋丛刊·清代卷 [M]. 北京：中华书局，2006 年，第 2 页．

来的每个阶段的发展皆以相互交流的前后比较呈现的连续的阶段性特征持续着近代化。

一、顺康初期的复兴气势

顺康初期的版本学家钱谦益、钱曾作为钱氏家学的代表，以及朱彝尊《经义考》的过人成就等，撑起了清初的复兴气势。这种复兴不仅因为以宋为据的高标准，也因为与明的比较，凸显第一阶段的应有特征。复兴的气势从与明的比较中而来，从宋的高标准而来，体现了初期大展宏图的决心。也正因为这气势才有足够的力量开启总结性近代化的第一阶段，为接下来各个阶段的持续近代化打好基础。“常熟藏书家远有端绪，自明万卷楼……汲古毛氏实集其成，羽翼之者。”（张瑛《铁琴铜剑楼藏书目录》后序）[①]对明代版本学的总结，是为了以此引起清代版本学的总结性近代化。明代版本学的成就对清来说是自宋始的近代化表象的延续，更是清代版本学接续性总结走向近代化的材料储备。“有明一代遗刻尤繁，择其可珍者约有四端。一曰旧刻宋元遗刊，曰远曰少，幸得至今，固宜球图视之。二曰精本。宋氏一朝自万历后奇缺，固属草草，然追溯嘉靖以前刻书，多翻宋椠。正统成化刻印尤精，足本、孤本所在皆是。……三曰旧钞。前明姑苏丛书堂吴氏，四明天一阁范氏，二家之书半系钞本。……四曰旧校。”（丁

① （清）瞿镛，撰 . 铁琴铜剑楼藏书目录 · 宋元明清书目题跋丛刊 · 清代卷 [M]. 北京：中华书局，2006 年，第 383 页 .

丙《善本书室藏书志》自识)[①]明代储藏的宋元刻本，明翻刻宋本，明旧抄本、旧抄本，皆是清代版本学家弥足可珍的善本。从善本观来说，可视为善本的不只是宋元旧刻，还有明代的精刻精校本。这说明宋本作为刻本之初的价值固然不容忽视，而宋本作为近代化表象之始推动下的近代化趋向，决定愈古愈珍的善本观并不适合版本学的近代化发展。近代化推动的是质量精良的更多精本的出现。所以清代的善本观是版本学近代化的表达，是为了大量精本的产生，促进版本学的前进性发展。清初版本学家在此所做的工作，以初期的复兴气势，表达着第一阶段的近代化应有的力量。

钱氏版本学家钱谦益、钱曾以家学的形式通过宋本的鉴别说明清初版本学的善本观，以家学的前后相继传递着善本观，以此从第一阶段把以宋本为据推动版本学近代化的善本观延伸到接下来的各个阶段。钱谦益在《绛云楼题跋》中对宋本《左传》的鉴别与补辑，表达了版本完整的善本观念。之后族裔钱曾承续前代的理念，在《读书敏求记》中对宋本《孔子集语二卷》的说明接续着这样的善本观，重在补辑对于版本完整的关键作用。钱谦益对宋本《左传》的说明是："宋建安余仁仲校刊左传。故少保严文靖公所藏。其少子中翰道普见赠者。脱落缺说。……却以建安江氏本补足。纸墨差殊。……今年贾人以残缺本五册来售。恰是原本失去者。卷尾老僧印记，亦复宛然。"[②]宋本的考证从版本的完整考虑版本价值，不是宋本即为善本。版本补辑对版本完整来说非常重要，即使宋本也要从完整的角度考量价值。

① （清）丁丙，撰.善本书室藏书志·宋元明清书目题跋丛刊·清代卷[M].北京：中华书局，2006年，第935页.

② （清）钱谦益，撰.绛云楼题跋·宋元明清书目题跋丛刊·清代卷[M].北京：中华书局，2006年，第471页.

善本不在于是否是宋本，而在于版本的完整，完整保证了版本的精良，质量精良的版本是推动版本学近代化的必要条件。毕竟，文献是用来阅读的，版本完整是阅读质量保证的前提，这样才能充分发挥文献的价值，提高文献传播的普遍性，这本身也是版本学的近代化趋向。钱谦益族孙钱曾同样以宋本《孔子集语二卷》的鉴别表达着版本完整的善本观。“淳祐丙午稽山书院山长据聚孔子集语二十篇，所引《尚书大传》《金楼子》等书，今皆不可得见。”《孔子集语二卷》并不是因为它是宋本才被视作可以收藏的善本，而是因为它对《尚书大传》《金楼子》古书的辑佚，使此古书的面貌能为后人所见。以辑佚的方式呈现版本的完整，是钱曾对前辈善本收藏理念的践行，以家学的前后相继传递着版本完整的善本观，也在以家学的前后相承推动版本学的近代化。

家学在版本学的近代化过程中实在是起到了不可忽视的重要作用，自宋私家书目大量出现，之后各代的私家书目都占有相当的比重，而至清私家书目更是以前代不可比拟的数量说明以家学形式呈现的版本学在清代版本学中超过官方版本学的比重。不但清初的主要版本学家皆是以家学的形式研究版本，如钱氏家学、朱氏家学，接下来的三个阶段的版本学书目也大多是私家书目，成就了许多声望颇高的版本学家。可以说，清代的版本学是以家学的形式通过每一个阶段的总结性发展走向近代化。清初，家族版本学以其可与官方版本学媲美的气势，开启接续各个阶段家族版本学的兴盛，以家学的前后相承的总结推动版本学的近代化。所以钱曾的《读书敏求记》为后来的官方书目四库书目借鉴，显示了家族版本学可以与官方版本学相等甚至有所超越的气概。“钦定四库全书存目提要与记中名目编次及考证，三端其旨，摘其未当甚备，然亦称其未当者甚备。然亦称其述授受之源流，究缮刻之同异。见闻既博，辨别尤精，足为讲板本之赏鉴家。四库著录各书目于此记者，皆引为考证资。此书之见重艺林，大都由此。”四库书目对《读书敏求记》的引证，可见家族版本学在清初以总结性的发展奠定了它的地位，不仅可以企及官方版本学，更以其颇高的成绩为接续阶段版本学的发展作好准备，所以之后阶段的版本学对初期的家族版本学都有所借鉴，官方版本学的标尺四库书目也不例外。

二、乾嘉兴盛期的雅正

顺康初期之后的各个阶段延续的总结性发展，后一个阶段接续前一个阶段并继续前进。由顺康初期的复兴气势到乾嘉兴盛期的雅正，是因为初期奠定的基础为之后的兴盛提供了充足的储备，兴盛期的版本学不再有初期的艰难下的复兴需要，而是在它的气势铺就的道路上继续前行，这时的步伐可以以稳健呈现兴盛的雅正。黄丕烈与顾广圻的并称，张金吾《爱日精庐藏书志》的成果，于敏中《天禄琳琅书目》、彭元瑞《天禄琳琅书目后编》的鸿篇巨制，都在说明兴盛期以雅正呈现的成就。

黄丕烈、顾广圻皆是版本学大家，他们以朋友之谊共同研学，黄丕烈收集宋本成《百宋一廛书录》，顾广圻作《百宋一廛赋》称赞其善本价值，通过相互辅助，交流版本学治学理念，互通有无，并通过相互的比较，把可以促进版本学研究有利于进行的观念相互融合成更完整的理念。就是以这样的互相增进，成就两位并称的版本学家，奠定其在兴盛期应有的地位，并以他们在总结前代版本学过程中做出的成就推动兴盛期版本学的继续近代化。“荛圃当乾嘉极盛之时，居吴越图籍之府，收藏宏富，交友广远，于古书板刻先后异同，及傅授源流赅贯，其题识所及闻见，博而鉴别详，巍然为书林一大宗。举世推挹之宜矣。涧宾先生受业于江艮庭、傅惠氏遗学，当是名贤大师皆得奉辞承教，故于经学训故咸所通晓。其校刊精严，考订之翔实，一时推为宗匠，荛圃亦自愧弗如。”（傅增湘《思适斋书跋》序）[①]黄、顾两人对版本学颇有造诣，治学严谨，声望皆高，并称乾嘉两宗匠。之所以被并称，不是事出偶然，而是因为两人志同道合的朋友之谊使他们互相帮助与激励，造就了一人不能达到的版本学成就。为兴盛期雅正的阶段性特征以宋本的总结性研究做出了应有的努力，以他们共同的成果促进雅正的近代化趋向。

黄丕烈《百宋一廛书录》自序：“予喜聚书，必购旧刻，昔人佞宋之讥，有同情焉。每浏览诸家书目，以求古书源流，如‘述古’‘汲古’最为珍秘，然其中亦不能尽载宋刻。即延今宋板书目亦以宋先之，其后亦无不兼收并著也。……十余年来究心载籍，欲仿宋人晁、陈两家例，辑录一书，系以题识，名曰‘所见古书录’，究苦择焉。……重理旧籍，特集宋刻本汇集一室，先成记，谓之《百宋一廛书录》。……此百种中完备半缺者半，皆世所罕秘者……”[②]这里以宋本为善本的观念，并不是因为宋本这个时间概念本身，而是因为宋本作为刻印本的近代化之初，成为版本学研究的依据，近代化总结的依据，之后各个时段的研究皆是此近代化的延续，是在总结宋本的近代化表象并发展。而清代的阶段性发展，是在与宋本的比较中见出近代化的历程，规正清代阶段性近代化的道路，层层递进的延续发展。黄丕烈

① （清）顾广圻，撰．思适斋书跋·宋元明清书目题跋丛刊·清代卷 [M]. 北京：中华书局，2006 年，第 513 页．

② （清）黄丕烈，撰．百宋一廛书录·宋元明清书目题跋丛刊·清代卷 [M]. 北京：中华书局，2006 年，第 410 页．

辑宋本为一录即志在还原与保存古书面貌，通过宋本的整理尽可能呈现版本的完整。这样的完整对于兴盛期的意义在于促进雅正特征突显与保持。古书的灵魂蕴藏在宋本中，宋本整理之后的完整可以让人领略古书对于后人的因故而新价值，这正是雅正的核心意义所在。所以黄丕烈强烈否定“昔人佞宋之讥”，并不是因为其批评宋本这时间上的版本概念，实在因为这些人认识不到因故而新的意义。于是，顾广圻出于朋友之义，也是因为他与黄丕烈有着共同的因故而新的善本观，当《百宋一廛书录》一出，即作《百宋一廛赋》：“……夫宋也者，睿摹印之重源，延转录之一脉，孳长兴以萌芽，拓显德而增益，贻后留真，晞先音袭迹。……”[①] 善本不在于时间越早越好，而在于古书与今本的源与流的关系，今之新由古之旧而来，古对今的借鉴价值即在因故而新的意义，被顾广圻称为“拓显德而增益”之“德”，是雅正核心意义的表达。以宋本为据的因故而新，即是雅正之德，这德的作用是今由古来的近代化前行。之所以是德，是因为今与古不能割裂，而是在古的基础上新变，也可以说近代化不是抛弃传统，而是与传统联系的有益转化。

所以，黄丕烈、顾广圻重宋本，重在宋本的整理，以校理的方式通过宋本这个媒介发掘古书的价值，依据源与流的关系，让古之源不断地成为今之流。“黄顾两先生皆以校雠名家方，千里馆荛圃家时，主宾相得甚欢，既别去，尤为作《百宋一廛赋》……昔人谓有读者之藏书，有藏书家之藏书，校雠亦然。千里读书者之校书，若荛圃则藏书家之校书耳。盖千里……每

① （清）顾广圻，撰．百宋一廛赋·宋元明清书目题跋丛刊·清代卷 [M]．北京：中华书局，2006 年，第 397 页．

校一书，先衡之以本书之同例，次征于他书之所引用，复决之以考据之是非，一事也。……先生于书必求善本，而以各本互校，然善本之中亦有不善者，存及校本既出，然后其书乃尽善。……若其所校或校而未刻者，读其跋则古今刻本异同之故，校雠考证之法，悉宣泻无余蕴，其有益学者大矣。论者徒见其校书不轻改字，以为先生尊信旧本，如藏书家佞宋之为者，非知先者也。”（余嘉锡《荛圃藏书题识续录》序）[①] 顾广圻为读书而校书，以校本为善本，宋本也要经过校理才为善本，是为了读书时，经过校理的版本准确率高，可以提高阅读效率。但校理不是任意窜改原书，而是在尊重原书的基础上尽可能地还原书的本来面目。这对读书者来说无疑是有益而必要的。之所以必要，依旧是古与今源与流的联系下的因故而新也是读书之法。校本是为了保证古之源与今之流可以畅通无阻地连通而来的因故而新的层层递进。于是，为藏书而校书的黄丕烈也无不赞同顾广圻的校本为善本的观念。“至于荛圃之校书，盖得一宋刻本而爱之，……寻行数墨句，勘字而已。……书必讲本子，弥古而弥善，千里言也。举宋元本中断不可少之书，覆而墨之，勿失其真，缩今日为宋元，缓宋元为今日，亦千里言也。”（余嘉锡《荛圃藏书题识续录》序）[②] 在这里，黄丕烈以宋元本与今本的对比，重申由源到流因故而新的善本观。之所以宋元本能为今日本，今日本也能为宋元本，是因为校本连接了古与今，今人的校理把现在的观念与古人的观念进行了超越时空的比照下的连接，以今人的角度重新审视古之观念时，

① （清）黄丕烈，撰．荛圃藏书题识续录·宋元明清书目题跋丛刊·清代卷 [M]. 北京：中华书局，2006 年，第 278 页．

② （清）黄丕烈，撰．荛圃藏书题识续录·宋元明清书目题跋丛刊·清代卷 [M]. 北京：中华书局，2006 年，第 278 页．

因为因故而新的作用让古之源与今之流重新联系。这样源与流才不是一潭死水，而是有活源的有机之流。也是在这个意义上，兴盛期通过宋本的总结突显由源至流的因故而新下的雅正而来的近代化发展。

三、道咸中后期的谨肃

乾嘉兴盛期之后的道咸中后期，并没有因为兴盛期的辉煌而黯然失色，反而是后来居上，取得了可以与兴盛期相比的成就。出现了众多于版本学有重要影响的版本学家，有南瞿北杨之称的瞿镛、杨绍和，与陆心源、丁丙并称清季四大家。另外，潘祖荫、朱绪曾、周中孚、马国翰、耿文光等皆是中后期的版本学大家。之所以中后期出现了如此多而分量重的版本学家，根本原因还是清代版本学总结下的阶段性近代化。总结性的因故而新推动版本学成果的不断出现，后一个阶段在前一个阶段充分储备的基础上，利用之前的成果出新意，使后一个阶段的版本学发展不论在质上还是量上都可与前一个阶段相比较并有所超越。因为这个原因，乾嘉兴盛期为道咸中后期提供了丰富的资源，让中后期的版本学家可以在前期铺就的正确道路上继续前行，而这些版本学家为了不偏离这一正确道路，每走一步都严肃而认真，由兴盛期的雅正到中后期的谨肃。

这谨肃首先体现在中后期版本学对前期版本学前后相继的严谨态度上。丁丙在《善本书室藏书志》的自识中表明："名曰《善本书室藏书志》，以继也是翁《敏求记》、张金吾《爱日精庐》、陆存斋《皕宋楼二藏书志》之后。"[①]

---

① （清）丁丙，撰．善本书室藏书志·宋元明清书目题跋丛刊·清代卷 [M]. 北京：中华书局，2006 年，第 935 页．

潘祖荫："藩文勤师以黄氏题跋八十篇云'钞自聊城杨氏，属为排比前后，将列入滂喜斋丛书'。"（缪荃孙《荛圃藏书题识》序）[①] 都意在说明这一阶段的版本学是接续前两个阶段而来，初期的复兴气势、兴盛期的雅正以阶段式的递进，自然引发中后期这一阶段的谨肃。阶段性特征层层演进的连续说明清代版本学的阶段性近代化。前两个阶段的巨大付出与努力为这一阶段以谨肃为特征的版本学成果的出现奠定了坚实的基础，所以中后期的版本学家可以中规中矩地治学，不必去做另辟他途的努力，可以稳健地输出前后接续的稳定成果。

这谨肃还表现在对前代版本学的严谨态度上。清代版本学是接续明代版本学而来，对明代版本学的研究是必需的，无论研究的结果是肯定还是否定，都是从治学的角度实事求是地说明。瞿镛在《铁琴铜剑楼藏书目录》中重明刊本，"凡宋元善椠，暨前明诸家藏本久散四方者，留心采访"。丁丙在《善本书室藏书志》收明刻本，"万历以后，间附数部，要皆雕刻既工，世鲜传本者，始行入录"。对明本的重视，表明中后期的版本学家意识到版本学发展的每一个时代的成果都是不容忽视的，在近代化的历程中，随着时间的推移，明版相对于宋元是以今对古，而对于清则是以古对今，因故而新的源与流的不断新变在明版与清版的联系中发挥着作用。正是在对明代版本学的对比研究中，清代版本学家发现了这一时代接续前代，又同中有异的发展。因为明代版本学是与清代版本学距离最近的，其以吸纳前代版本学成果的姿态出现在清代版本学面前，从明代版本学的成果中取材，

① （清）黄丕烈，撰．荛圃藏书题识·宋元明清书目题跋丛刊·清代卷 [M]. 北京：中华书局，2006 年，第 2 页．

是便捷而稳妥的方式。中后期谨肃的阶段性特征，更促使版本学家在总结明代版本学的基础上稳健地推进版本学的近代化。

而耿文光在《万卷精华楼藏书记》中对明代版本学书目“遂初”“汲古”“天一”等颇有微词，则是从审视其治学弊端，总结前代版本学时的不当之处，有所借鉴，以免犯同样的错误，通过这样的批判性总结予中后期以足够的近代化动力。“历观诸家书目，如遂初、汲古、天一等目于古书之支派流别，篇卷分合都无所发明，基于学问之事更相远也。因汇聚只志，穷源溯流，得其解目者，而先解其目。继又网罗群籍，得其解书者，而详解其书，解不一解，录不一录，庞杂纷纭，几不可读。……是编为藏书记，所谓离之则双美，合之则两伤也。”（耿文光《万卷精华楼藏书记》自序）[①] 对于“遂初”“汲古”“天一”等书目繁复不简，没有厘清源至流的脉络，要引以为戒，离其之弊、去其所短为我之长，才可以“离之则双美”。所以对前代版本学的总结，不只是汲取其成果，还要清楚其弊端，通过这样的比较，可以更加明晰现在需要做的，在近代化的道路所处的位置，从而做出有效的努力，谨肃地前行。

这谨肃还在家学形式的承续上。族裔前后授受的连接让版本学带着家学特色存在，相承的续而不断保证其不褪色。且家学的组织形式，以高度的集中凝聚特色，并因族裔的前后相继，在时间长度上保证这集中的持续。这稳定而特色突显的持续是以谨肃表达着中后期的阶段特征。丁丙与其兄有双丁之称，瞿镛与瞿启甲祖孙的世代守业，都是在以家学的稳固集合，

① （清）耿文光，撰．万卷精华楼藏书记·宋元明清书目题跋丛刊·清代卷 [M]. 北京：中华书局，2006 年，第 3 页．

在前后的接续中聚拢所得，不断扩大家学这一集合，使它在保持家族特色的前提下，机动的存在，而不会因为家学特征的约束，僵死不变。而是因为族裔前后相继的不断出新使家学的特征不断增色，以家族特色的浓重表达阶段性的谨肃。

瞿启甲在瞿镛《铁琴铜剑楼藏书目录》后序中说："吾家藏书之富，权舆与，曾祖、祖考两世，凡宋元暨前明善本，不惜重价收购，储积至十万卷，遂成巨观。《铁琴铜剑楼藏书目录》一编……吾祖所尤加意者，恒以书之鬻借为子孙戒。……窃思书目之成，由祖若父以逮吾兄，历四世而始克，卒业。……亟为刊布，以公同好。但其中字义虽经几辈校雠，恐仍不免疏漏，可寻有资补辑。敬祈海内博雅君子匡其不逮，是又之所深幸也夫。"[①] 世代相守之业以"书之鬻借为子孙戒"的家训约束族裔在家学为据治学，无论是前后的授受，还是同辈的交流，都要为保证并发展家学特色而努力。只有这样的融合式凝聚才能使作为家学集合的版本学在不失家族特色的谨肃的前提下走向近代化。而以家学集合为据的外界交流，则可以给家学形式的版本学输送更多的异中有同的养分，使这样一个集合富有生机的存在，不断增重特色的存在，以谨肃的态度有益地趋向近代化。

① （清）瞿镛，撰．铁琴铜剑楼藏书目录·宋元明清书目题跋丛刊·清代卷 [M]. 北京：中华书局，2006 年，第 383 页．

四、光绪末期的简洁、整齐

道咸中后期之后的光绪末期并没有因为有清一代的结束而衰落，而正是因为其已经进入近代，让清代版本学真正进入近代化，所以这一时期版本学取得了相当的成就，版本学家辈出。缪荃孙、沈德寿、杨守敬等都为这一阶段版本学的近代化发展做出了重要贡献。这一阶段外域先进技术的涌入，促成版本技术的很大发展，石印、铅印使出版省时、省力，出版数量激增。许多文献的印制出版，是为了大众的普通阅读，简洁、整齐的高效率是必需的。所以这一时期的版本学由中后期的谨肃转化成简洁、整齐。大众阅读的更广泛交流需要简洁的版本，版本的大众传播促成版本的整齐。所以，交流对于这一阶段的简洁、整齐特征是必不可少的。

这一时期的版本学家在治学时都很注重交流。沈德寿为了编成《抱经楼藏书志》，不辞辛苦去湖州寻访陆心源，从其藏书中获取心得，“光绪甲申春，赴湖州谒陆心源，陆氏引余登楼，悉发其所藏之书。……寻归里，遍搜书肆，兼采旧藏书家。……”[①]是以尽可能地扩大治学范围，融众家之长为一己之长，再以融合扩展之后的一己之长为众家之长，通过这样的不断交流的融合，见出各家所趋向的统一的整齐，又带来整齐下的简洁。

在传统社会的版本学治学中，为研学的交流多在一国之域，即使有域外的交流，也是外域版本学家从我之域汲取成果，而主动地对外交流，从域外获取为我所用，是极少见的。而末期这样一个特殊的阶段，亲赴域外

① （清）沈德寿，撰 . 抱经楼藏书志 · 宋元明清书目题跋丛刊 · 清代卷 [M]. 北京：中华书局，2006 年，第 383 页 .

之地，学取域外版本学成果，是前几个阶段没有也不能做到，而这一阶段可以做到也必须做到的。域外交流成为这一阶段治学的优势。但并不是说，域外版本学优于域内版本学，其实大多数情况下，是之前域外版本学从我域中获取成果为己所用，变成自己的面目后，我域版本学再从中获见我域的本来面目，再依据这样的交融，通过与其版本学的比较，让版本学家进一步认识我域版本学的价值。当然这其中也包括对域外版本学的学习，但是域内至域外再到域内的过程，毕竟域内是源，域外是流，不过从流的变化中还是可以获取有益成果的。而且更大范围的交流有利于简洁、整齐的阶段性特征的加强。

杨守敬东游日本成《日本访书志》，是这一阶段域外交流的典型例证。“昔宜都杨惺吾以光绪甲辰东游。大搜罗二万卷，多此土久佚之书。每得一本，辄考其原委，后刊之，是为《日本访书志》。”（孙楷第《经籍访古志补》序）[①] 杨守敬在日搜集我域旧刻，整理校订，是在由域内版本学与域外版本学的交流再回归域内，且是融各方之长之后的域内版本学的整齐、简洁发展。这整齐与简洁有利于再次的域外传播与域内交流。所以杨守敬“乃目游市上，凡析毁坏者，皆购之，不一年三万卷。其中虽无秦火不焚之籍，实有汉未献之书，因以诸家谱录参互考订，凡有异同及罕见者，皆甄录之”（杨守敬《日本读书志》自序）。[①]

总之，清代版本学在对传统版本学的总结下阶段性的近代化，是时代使然。清代作为近古的最后一个阶段，决定其是在总结前代版本学的条件

---

① （清）杨守敬，撰 . 经籍访古志补 · 宋元明清书目题跋丛刊 · 清代卷 [M]. 北京：中华书局，2006 年，第 2 页 .

下由源到流因故而新的递进式阶段性发展。由顺康初期的复兴气势，到乾嘉兴盛期的雅正，到道咸中后期的谨肃，到光绪末期的简洁、整齐阶段特征的接续与转化，说明时间促力下的阶段式近代化。正如杨守敬在《日本访书志》自序中所言："前谱录之书，多尚简要。《敏求记》唯录宋本，《天禄琳琅》《爱日精庐》《拜经楼》藏书则兼采明本，是代不同也。而张金吾《论说》尤详，余此书又详于张氏，……则非其时代不同，且其地亦不同。……"（杨守敬《日本访书志》自序）

第五章　民国版本学

近代由清而来，到民国的近代，这一时代是通过对古代的重新审视，意在从中出新并与近代的思想特征相融合，推动近代的快速发展。所以这一时代的特征是以效率为核心，以效率意义的简单实用推动时代的发展。所以版本学治学也带上了这样的时代特征。

一、进步历史观而来的发展性的版本学思想

叶德辉可以说是这一时代代表性的版本学家，以他的版本学治学成果与思想所有的近代特征，回应近代快速发展的时代特征。叶德辉的版本学思想是通过对历代版本学治学的总结，并分析其中的不足，而从中出新意，且以不足之处的改正与革新，让其与近代思想特征融合而成以效率的简单实用为核心的版本学思想。所以，叶德辉在他的《书林清话》序言中有这些说明："书籍自唐时镂板以来，至天水一朝号为极盛。而其间分三类，曰官刻，曰私宅，曰坊行。当时士大夫言藏书者，即已视为秘笈，争相宝贵。观于尤氏《遂初堂书目》复收众本之多，岳氏刻《九经三传沿革例》折衷各本之善，则当时之风尚概可知矣。元明人重宋本，国朝收藏家并重元明本，旧刻愈稀，则近刻亦贵。犹之鉴赏书画，《宣和二谱》多收六朝唐人，

吴氏《消夏记》、陶氏《红豆树馆书画记》兼取近代。后之视今犹今之视昔，理固然已。往者宗人鞠裳，编修昌炽。撰《藏书纪事诗》七卷，于古今藏书家，上至天潢，下至方外、坊估、淮妓，搜其遗闻佚事，详注诗中。发潜德之幽光，为先贤所未有。即使诸藏书家目录有时散逸，而姓名不至灭如，甚德事也。顾其书限于本例，不及刻，书源流与夫校勘家掌故，是固览者所亟，欲补其缺略者。”① 叶德辉通过对历代版本学的分析，总结出版本学是随着时代向前发展的，所以在元明宋本是善本，在清明本也变成善本，是因为越到后世，宋元本越少，明本也成为善本，叶德辉在此表达的版本学思想是具有进步性的历史观思路，带上了以效率为核心的简单实用的近代特征。因为时代性的由前向后的发展，是从质与量上的效率性的进步，而效率的趋向是简单实用。叶德辉清楚地看到这一点，而产生具有近代特征的版本学思想。他对《藏书纪事诗》古今藏书家的记述，撇去古代正统的阶级观念，对书坊、释道、艺伎的关注予以肯定，认为有“发潜德之幽光，为先贤所未有”的积极意义，也充分表达了他具有近代特征的版本学观念，由平等而来的以民间简便易行的思路趋向以效率为核心的简单实用。

二、家族版本学思想的近代特征

叶德辉从子叶启崟在《书林清话》跋中对叶德辉具有近代特征的家族版本学思想进行了详细的说明：“伯父喜目录、版本之学。平时每得一书，即家中已有之重本，但使刻有前后，必取两本比勘，比勘之后，必有记述题跋，（启崟）常手自钞辑，呈请，伯父将以授之梓人，适刊是书。而于

① （民国）叶德辉，撰．书林清话 [M].1917 年观古堂刊行．

镂板缘始，与夫宋元以来官私坊刻三者派别莫得而详，于是检讨诸家藏书目录、题跋，笔而录之，于刻本之得失，钞本之异同，撮其要领，补其缺遗。……至坊估之征，如有涉于掌故者，援引旧记按语，益以加详，凡自来藏书家所未措意者，靡不博考周稽，条分缕析。此在东汉刘班南宋晁陈以外，别自开一路径也。”[①]叶德辉精于异本的比勘、考证，并结果总结成“记述题跋”，可见他注重版本研究的分析、总结，而分析、总结本身是以效率为理念的，分析、总结就是要提高版本的实用效率，让由此而来的总结成果充分发挥简单实用的作用，因为分析、总结本身就是把问题变得简单，问题解决的结果更实用。由此而来的版本学思想自然以这样的思路具有近代特征。而叶启崟把伯父的版本整理成果编辑成书，是在以这种形式继承叶德辉的版本学思想，让叶德辉具有近代特征的版本学思想以家学传承的形式延续，自然成为叶氏家族版本学的存在。而叶启崟对叶德辉版本学成果整理过程中版本学思想的分析，如叶德辉对官、私、坊刻板分门别类，以版本学派别的思路进行分析，是通过这样的分类使版本学研究变得简单实用。再如叶德辉对书坊刻本的注意，收集相关的资料进行分析、总结，是因为近代书坊的刻板质量越来越高。叶启崟是在以对此的说明，肯定叶德辉版本学思想的近代特征，并以家学的形式进行传承。而对叶德辉版本学的评价，认为可与“东汉刘班南宋晁陈”并行，自成一派，即是因为叶德辉版本学思想的近代特征。而叶启崟这样大胆的态度，是具有近代特征的思想的表现。所以，由叶德辉到叶启崟是在以家学的形式前后相继延续具有近代特征的家族版本学。

① （民国）叶德辉，撰．书林清话 [M].1917 年观古堂刊行．

第六章　以宋本李鼎祚注易经的流传析版本学的近代化演变

宋本作为刻本之初，被视为版式与书旨完美统一的精本，自有善本之称，宋本为之首。所以可以说宋本的流传是睹视了版本学的整个演变。宋以后对宋本的搜求、收藏、使用，承系着版本学的核心力，见证着其近代化的演变必然。宋本以善本由古而今的存在，用因古而新的思维模式演绎版本学源于文献之用的唯实历史进程。之所以有宋之善本的版本学概念，是因为文献作为人类活动结果的承载，其外在形式相对于时间往前的义无反顾要脆弱。于是，在时间向前的永恒中，文献并不能和这永恒一致，前代的文献在后世保留原貌并不容易，许多文献佚失，所以前代文献的保存更为重要，善本的概念由此而出，维系了文献的前后延续，版本学续而不断的体系也由此而来。“自汉河平以来，祀历二千年，书录之制不胜枚数，然只记名者为多。详述谊旨者盖鲜。刘略而后，唯唐之群书四录，宋之崇文、中兴，清之四库提要寥寥五作。……天复厄之，更亡其四。”（赵士炜《中兴馆阁书目辑考》序》）[①] 于是才有了后世所谓的宋本。宋本的称谓并不

---

① （宋）陈骙等撰，赵士炜，辑考 . 中兴馆阁书目辑考·宋元明清书目题跋丛刊·宋代卷 [M]. 北京：中华书局，2006 年，第 363 页 .

是徒有赏鉴的虚表，而在其对抗时间存在的使用价值。这是版本学实用性的近代化的说明。

民国时期对宋本的整理，正是在负起版本学进化性演变的这个责任。民国二十二年（1933）国立北平图书馆中华图书馆协会辑佚中兴馆阁书目，明确表示整理在用的观念。“今据书目、续书目及搜访所得嘉定以前书，诠校而志之。……诠序第次则准宋志，而以通考参订之，其书名卷帙，宋志多与此合。间有参差，不及而一，故凡书名卷帙缺者，概以宋志补之，复取历代史志诸家书目比较异同，叠加考证。原释无者，或取诸家说疏通其意。常见者，则略之。为五卷，勒成一编，命曰‘中兴馆阁书目辑考’”。（赵士炜《中兴馆阁书目辑考》序》）版本学的存在即发展，向前演变，之所以是前进，在实用性的核心推动，无论是哪个时间阶段的版本史学，都在文献的使用，不同的使用事实呈现的版本史的不同性，遵循并推动版本学前进的核心力，演化成异中有同的统一，成为版本学向前发展的明证。而宋本依据因故而新的流传则成为版本学演进的表征。“（明）天一宋刊不过十数种，元刊仅百余种。皕宋后三四百年，宋刊至二百余种，元刊四百余种。”（李宗迈《皕宋楼读书志》序）[①]

① （清）陆心源，撰 . 皕宋楼读书志·宋元明清书目题跋丛刊·清代卷 [M]. 北京：中华书局，2006 年，第 1 页 .

第一节　以宋本李鼎祚注易经的流传析版本学的阶段性演变

宋《崇文总目》卷一，易类："周易十卷，原释李鼎祚注，东垣按，诸家书目并作集解。唐志作集注，周易十七卷。考鼎祚自序，但云十卷。"①录（唐）李鼎祚注《周易》十卷，至元《文献通考·经籍考》为李鼎祚《周易集解》。卷一，易类，并将《崇文总目》所记与晁公武《郡斋读书志》的析解合为一条，详加说明宋本李鼎祚注易经在元的存在情况。"晁氏曰：鼎祚唐人集解。……所集有……三十余家，又引九家……天象难寻，人事易习……今集诸家……盖宗郑学者也。隋书经籍志所录易类六十九部，公武今所有五部而已。……独鼎祚所集诸家之说，时可见大旨。"②可见，在元，宋本李鼎祚注易经基本延续宋时之旧，元人对宋本的观念也依宋时的版本学。而元时其他宋本的保存与书目的记录析解同样可以说明元时版本学依宋时之旧。《文献通考·经籍考》："郑康成易注，归藏三卷，孔颖达正义十四卷，甘棠正义三十卷，易举正三卷，陆易声易传，卫元嵩卫元包十卷，子夏易十卷，周易新论传疏，周易物象释疑一卷，周易口诀义六卷，周易

① （宋）王尧臣等撰，（清）钱东垣等，辑释．崇文总目·宋元明清书目题跋丛刊·宋代卷 [M]. 北京：中华书局，2006 年，第 9 页．

② （元）马端临，撰．文献通考·经籍考·宋元明清书目题跋丛刊·元代卷 [M]. 北京：中华书局，2006 年，第 44 页．

正义补缺略例一卷。”[①] 都依据《崇文总目》所录条目而成。

元代版本学之所以依据宋代版本学，实在是环境使然。宋上承隋唐的严谨，又新出易用的实际。故版本学也有了正统与易用并存的特征。“自唐天宝以降，强潘擅权，海宇鼎沸，迄无宁日，典籍文物荡亡殆尽。馆阁所存书仅数柜。唯南唐李氏，西蜀孟氏，虽在偏隅，颇好文疋，肆意搜辑，藏弆独富。赵宋肇兴，寰区混一，收列国朝图籍用实，三馆四部渐备。其后访求购募校勘传写，未尝间辍。坟典之盛，迈越往古。”（赵士炜《中兴馆阁书目辑考》后序）[②] 对唐时遗留典籍的保存，现有实用图籍的搜集，正是宋代版本学正统与易用的说明。宋上承隋唐，始起明清，必带有双重特征。儒学延续一致的汉至唐经学形式的改变与持续，呈现出宋元的严谨，送承上古而来，必带有此征，表现为理学性理的正统，而理学延续经学的经世致用，性理又有了修身至齐家、治国的实用。这与宋时士人文化与市民文化的并存有直接关系。“高宗渡江，书籍散佚，献书有赏……诏其略曰：国家用武开基，右文致治，藏书之盛，视古为多。”（《中兴国史艺文志序》）[③] 宋以文治国，故士人文化突显。而近古实际而来的城镇经济的发展、市民文化的勃兴，对士人文化的影响是简便易行的渗透。于是宋时带着崇文与崇用的并存，延展出版本学的正统与实用。“艰难以来，网罗散失，

---

① （元）马端临，撰 . 文献通考·经籍考·宋元明清书目题跋丛刊·元代卷 [M]. 北京：中华书局，2006 年，第 44 页 .

② （宋）陈骙等撰，赵士炜，辑考 . 中兴馆阁书目辑考·宋元明清书目题跋丛刊·宋代卷 [M]. 北京：中华书局，2006 年，第 471 页 .

③ （宋）陈骙等撰，赵士炜，辑考 . 中兴馆阁书目辑考·宋元明清书目题跋丛刊·宋代卷 [M]. 北京：中华书局，2006 年，第 469 页 .

而不十得其四五，令监司郡守各论所部，悉上送官，多者优赏。又复置补写，所令秘书省提举掌求遗书，诏定献书赏格。自是多来献者。”（《中兴国史艺文志序》）[①] 官方搜集既有名正言顺的正统，“献书即赏”，又有实用的必需。于是所收之书并有正版与易用的特征，表达着版本学的双重特征。

宋后之元一依宋时之旧，正是因为异族入主中原，通过对原有文化的认同，加强自身的存在。“辽圣宗开泰元年十一月诏求朝文阁所缺经籍，命儒臣校雠。……金世宗二十三年八月以女直字孝经千部付提点司，分赐护卫亲军。大定二十四年九月，译经所进所译易书论语孟子。”（王圻《续文献通考·经籍考》）[②] 元统一之后更是着力于此，马端临《文献通考·经籍考》析出《崇文总目》、晁公武《郡斋读书志》、洪迈《容斋随笔》诸条目为《经籍考》之目，正是有力的说明。另外，元作为从草原而来的异族，让依宋时之旧带上了异族的简洁。钟嗣成《录鬼簿》以俗文学文献说明崇文与崇用的并存，正是以元的简洁与宋的正统的整合，进一步延展版本学的实用性近代化的演变。“天地开辟，亘古及今，自有不死之鬼，在何？则圣贤之君臣，忠孝之士子，小善大功，著在方册者。……叙其姓名，述其所作，冀乎初学之士，刻意辞章，使冰寒于水，青胜于蓝，则亦幸矣。……若夫高尚之士，性理之学，以为得罪于圣门者，吾党且别于知

① （宋）陈骙等撰，赵士炜，辑考．中兴馆阁书目辑考·宋元明清书目题跋丛刊·宋代卷 [M]. 北京：中华书局，2006 年，第 469 页．

② （明）王圻，撰．续文献通考·经籍考·宋元明清书目题跋丛刊·明代卷 [M]. 北京：中华书局，2006 年，第 572 页．

味者。”（钟嗣成《录鬼簿》序）[①] 杂剧作家以杂剧承载性理，有用于世，正可以说明元以简洁将宋之正统变为现实的实用。而宋本李鼎祚注易经在元的完整保存，通过《文献通考·经籍考》整合《崇文总目》与晁公武《郡斋读书志》进行详加析解，在依宋时之旧中突显其实用价值，正是元代版本学在正统之上的简洁趋向实用性近代化的表征。

再到明，此宋本李鼎祚注易经在曹学佺《蜀中广记·著作记》中完整移录元《文献通考·经籍考》的条目[②]，可以说明明的崇古环境。而这崇古中又有近代化的新变，个性解放的主题将宋至元的实用性进一步加强。王圻《续文献通考·经籍考》由元马端临《文献通考·经籍考》而来，却没有移录其所有，而以明时现有文献的著录，析解明代的版本新变。从易经来说，《续文献通考·经籍考》更注重现有学者对易经的发挥性阐释。易类诸多此条目的记录是很好的说明。“王岩叟著易传，泰和萧肃著易说十四卷，张臣著易解十卷，吴沆著周易发微，张弼著易解义十卷。”[③] 其版本皆是阐释性的，依文本发，基本在于词语的解释。从一词语出发，发现这一词语的动态变化，多种意义的延展，再成为完整而密集的集合，依此表达治学者的思想观念。故依经承载明的复古与新变并存的版本学特征。

至清，此宋本李鼎祚注易经在陆心源《皕宋楼读书志》中易类的记录

① （元）钟嗣成，撰．录鬼簿·宋元明清书目题跋丛刊·元代卷 [M]. 北京：中华书局，2006 年，第 9 页．

② （明）曹学佺，撰．蜀中广记·著作记·宋元明清书目题跋丛刊·明代卷 [M]. 北京：中华书局，2006 年，第 11 页．

③ （明）王圻，撰．续文献通考·经籍考·宋元明清书目题跋丛刊·明代卷 [M]. 北京：中华书局，2006 年，第 584 页．

是“易传十卷附略例一卷”①，为仁和张绍仁校宋刊本。此校本有宋李申之自序详细说明刻板的过程：“学录乡贡进士谢诲学正新，鄞县尉侯天麟校雠，教授眉山史似董其事，乾道二年四月甲午郡守唐安鲜于侃书。乾道元二先君子假守资中，公退惟读书不暂辍……取其集解命刊之，学官病其脱漏，则假善本于东漕巽岩先生，然犹是也。姑传疑焉，惟不敢臆，以是正之，兹四十有七年矣。板复荒老，字小不便于览者，不肖嗣申之误兹将指敬大字刻之。”而清张绍仁的校记则进一步析解此本在清校刊的情况。“张氏金吾藏书志曰，是书新唐书志作十七卷，崇文总目、绍兴续编四库缺书目、中兴书目、郡斋读书志、直斋书录解题、文献通考及李氏自序但作十卷，则是书自宋以来止有十卷，无十七卷，可知也。……此本易传十卷略例一卷，犹是宋时旧第。遇宋讳若贞若殷若恒俱缺末笔，盖影写宋嘉定重刊本。”②此宋本在清依宋时原貌校订，整合宋元至明的流传情况，以校本的形式再现原版与清版的融合，从而展现出清代实用性考察的版本学特征。清以考据之学的考证之法实践经学的经世致用，于是方法的实用性成为版本学的核心力。方法在于整合已有成统一的可用整体，这也是清作为近古的最后一个阶段的总结性在版本学的显现。所以宋本李鼎祚注易经经过宋至明的流传，在清以校本的形式整合此宋本流传过程的所有，变为在清的可用。

① （清）陆心源，撰．皕宋楼续志·宋元明清书目题跋丛刊·清代卷 [M]. 北京：中华书局，2006 年，第 12 页．

② （清）陆心源，撰．皕宋楼续志·宋元明清书目题跋丛刊·清代卷 [M]. 北京：中华书局，2006 年，第 12 页．

第二节　依宋本以家学析版本学的持续性演变

宋代版本学已将官方与私家区分得很清晰，私家书目多出，以家族版本学的形式成为宋代版本学的重要组成。宋时的私家书目晁公武《郡斋读书志》、尤袤《遂初堂书目》、陈振孙《直斋书录解题》等都是可以和《崇文书目》《中兴馆阁书目》相媲美的。私家书目以家学独具特征的持续，与官方之学整合，异中有同地统一成版本学的脉络。家族版本学之所以能承担起这样的版本史学的重任，是因为家族内部组织成文献的生成系统，从研学之书的整理、家集的编著，到校订、刊刻，皆凸显了家学的特色。家族版本是家学的承载物，因家族文献的不同版本，使家学储存、物态化，表现出整体性。之所以是整体，是因为家族版本对于家学的承载，使其易于传播，即通过前辈以家族文献为据对于后辈的教育，以继承这种方式延续家学，也在以各个不同的家学特征异中有同地成为版本学的统一核心。

晁公武《郡斋读书志》在宋的袁本、衢本到清的汪本的流传，可以成为家族版本学持续性演变的明证。“晁氏成书后，宋淳祐己酉信安郡守游钧刊其蜀中传本二十卷，乃晁氏门人姚应绩编，是为衢本。国朝嘉庆中，汪士钟阆原与黄丕烈荛圃、李富孙芗芷校订，重刊于世，称汪本。又淳祐己酉宜春郡守黎安朝刊蜀中传本四卷，以赵希弁君藏书次，后为附志上下卷。后见衢本，复于淳祐庚戌与希弁摘录前刊所无，为后志二卷补之，是为袁本。”（《衢本郡斋读书志》清略例）[①] 晁氏门人姚应绩编衢本与附赵希弁后志二卷的袁本区分在于晁氏之学因姚氏与赵氏的不同延续，使晁氏之学以不同的家学特征的融合，演变出多样性的延续，而至清汪本校订的整合，异中有同地统一成线性的持续。

宋至清家族版本学持续性地一步步延展扩大，说明版本学的近代化演变进程。家族版本学以家学的异中有同延伸了实用性，使实用性最大限度地扩展出可用的结果。从家学可以与官学相抗衡起，异中有同的统一即在发挥其实用性的作用。“国朝宋宣献公亦得文简、文庄家书，故藏书之富与秘阁等。”（《袁本昭德先生郡斋读书志》晁公武自序）[②] 而对家学，家族成员前后相继地努力于其续而不断，并借助他族力量的不同家学的融合，则成为版本学趋向实用的持续的有益助力。“余家自文元公以来翰墨显者七世，故家多书。至于是正之功，世无与让，然自中原无事时，已有火厄，及兵戈之后，尺素不存也。……南阳井公天资好书，自知兴元府，领四川转运使，巴蜀独不被兵，人间多有异本，闻之未尝不力求，必得而后已。历干余年，所有甚富。……与余厚，一日贻余书，曰：度老且死，平生所藏书甚秘，惜之，顾子孙稚弱，不自树立……今举以付子，他日其间有好学者，而后归焉。不然则取之。余惕然从命。”（《袁本昭德先生

① （宋）晁公武撰，（宋）姚应绩编，（清）王先谦，校．衢本郡斋读书志·宋元明清书目题跋丛刊·宋代卷 [M]. 北京：中华书局，2006 年，第 471 页．

② （宋）晁公武撰，（宋）赵希弁，附志，考异．袁本昭德先生郡斋读书志·宋元明清书目题跋丛刊·宋代卷 [M]. 北京：中华书局，2006 年，第 4 页．

郡斋读书志》晁公武自序）[①] 家学的延续不只在族裔的前后相继，也多得力于家族间的互助，而通过此家学的相互交流，使其传播日广，有益后学，则是家学实用性的扩展。即以己为核心，与诸家之学相联系，将诸家之特色与一己之特色融合，这融合会使一家之学的规模增大，力量增强，呈现出以一己特征为支点的新特征，即以自家之学为基点辐射到周边相联系的诸家之学，之后汇集成由前者指向后者的集合。而这集合助力于版本学的实用性整体的演进。

至元，家族版本学以书院之学的形式更广其传，延伸版本学的实用性。“……号曰：‘国朝文类’。虽文字固富于网罗，而去取多关于政治。若于江南学校钱粮内刊板印行。岂惟四方之士，广其见闻，实使一代之文焕然可述矣。具呈照详，得此本院看详，‘授经郎苏天爵所纂文类去取精详，有裨治道，如准所言，移咨南行省，于赡学钱粮内锓梓印行’。相应具呈照详，奉此本部议，得翰林待制谢端等官建言‘一代之兴，斯有一代之制作，参详上项，国朝文类七十卷，以一人之力搜访固甚，久而天下之广著述，方无穷，虽非大成，可为张本，若准所言，锓梓刊行，以广其传，不唯太平，有裨于昭代。抑亦铅版相继，可望于后人。”（《西湖书院重整书目》附录）[②] 家学以书院之学扩展官学之用，以书院刻板官学的方式，努力于文献最大限度的传播，从而通过私学对官学的整合，延伸版本学的实用性。

至明，私家书目激增，家族版本学体系的日趋成熟，以明的崇古与

① （宋）晁公武撰，（宋）赵希弁，附志，考异 . 袁本昭德先生郡斋读书志·宋元明清书目题跋丛刊·宋代卷 [M]. 北京：中华书局，2006 年，第 4 页 .

② （元）胡师安等，撰 . 西湖书院重整书目·宋元明清书目题跋丛刊·元代卷 [M]. 北京：中华书局，2006 年，第 8 页 .

新变并存的双重特征，延伸明代版本学的整体，从而以其阶段性的实用性演化集合推动版本学近代化演变的继续向前。李廷相《濮阳蒲汀先生家藏目录》、晁栗《晁氏宝文堂书目》、赵用贤《赵定宇书目》、陈第《世善堂藏书目录》、董其昌《玄赏斋书目》、李鹗翀《江阴李氏得月楼书目摘录》等可以印证家族版本学体系的整体特征。这些版本学家以家族文献之于使用的收集，以版本在实际上不同的实用性统一为家学的特征，再以家学的独有特色统一成家族版本学的体系，再汇流于一代版本学的线脉中。朱睦㮮《万卷堂家藏艺文自记》云："余宅西乃游息之所，建堂五极楹，以所储书环例其中，仿唐人法分。……东陂子曰：余垂髫时，即喜收书，然无四方之缘，不能多见。多致大梁，又自金元以来，屡经兵灾，藏书家甚少，即有亦近代之刻。求唐以前则希矣。闻或假之中吴，两浙东郡，耀州澶渊应山等处。"[①] 家族文献的收集通过版本学体现出来，即家族版本学将家族文献整理集合，以不同时段的版本再现家学的纵向延续。家学事实上的活动，各种问题的出现、解决，矛盾的对立至转变，都会表现在版本上，版本把家学出现的种种现象集合起来，不同的版本还可以比较家学发展过程中的不同事象，以不同时间点的家学成果汇集成家族版本学的统一。

且家族文献的收集不只在纵向的不同时段的版本，也在横向上的版本的量的积累。故徐㶿"辛丑三月为吴越之游，又有书林之役，迺撮其要者，积之十余年，合先君子、先伯兄所储，可盈五万三千余卷，藏之小楼。仿

① （明）朱睦㮮，撰 . 万卷堂书目 · 宋元明清书目题跋丛刊 · 明代卷 [M]. 北京：中华书局，2006 年，第 577 页 .

郑氏艺文略，马氏经籍志之例”。[①]一个时段版本的量的增长，可以从数量上析出不同类版本的流传情况，以及其使用影响力，从而区分出各类版本的价值及对家族版本学来说不同的实用性，而这不同的实用性又统一为家族版本学整体的实用特征。

至清，私家书目更是不胜枚举。清初，钱谦益《绛云楼题跋》，钱曾《读书敏求记》；兴盛期，黄丕烈《荛圃藏书题识》《百宋一廛书录》，卢文弨《常郡八邑艺文志》，张金吾《爱日精庐藏书志》；中期，陆心源《皕宋楼藏书志》《皕宋楼续志》，丁丙《善本书室藏书志》，瞿镛《铁琴铜剑楼藏书目录》；清末，缪荃孙《艺风藏书记八卷》，杨守敬《日本访书志》等。由此，清代家族版本学以体系的整合性成熟，让宋至清家族版本学的脉络延续为版本学实用性演变的持续助力。

在清日臻成熟的版本学体系中，清中期的杨绍和以杨氏家学致力于版本学研究，形成独具特色的杨氏版本学，去总结有清一代的版本学成就，通过推动家族版本学体系的进一步成熟，让其体系的力量增益版本学的向前演进。“右经史子集四部……聊城杨端勤公所藏，哲嗣绍和、勰卿前辈手辑者也。夫纫佩之遗以手泽，而永弓冶之，守以家学……绍闻之一得乎?……盖述古期信，数典贵详，孤行之秀，撷其根棋歧出流别，……钦定书目若《天禄琳琅》《四库全书总目》，揭如日月，粲若星辰，其下秀水朱氏，昆山徐氏，常熟钱氏、毛氏莫不存亡起废……遂相缀辑，各著于录。……勰卿前辈，尝承公命，以所得各种，考核同异，检校得失，于每书之下详

① （明）徐𤊹，撰．徐氏家藏书目·宋元明清书目题跋丛刊明代卷 [M]. 北京：中华书局，2006 年，第 281 页．

载各跋，间附己意，末乃系以行式及各家印记。”（《楹书隅录初编》序）[①]详细说明了杨绍和在承继家学的基础上，以前后相继的家族文献的版本研究，在相异之处区分的基础上，校理整合，形成杨氏版本学的既定模式。而各个以家学形式出现的家族版本学的不同模式以多样性的统一促成一代家族版本学的整体。这异中有同的统一又以有序性成为版本学趋向实用演变的依据。

清中后期的瞿镛则以藏书之富，家族文献的前后相继，努力于家族版本学在特色保持基础上的意义持续生成。“铁琴铜剑楼者，则先人学博君所购藏书室。盖其所收藏，皆宋元旧刻，暨旧钞之本……则从邑中及郡城故家展转搜罗，卷逾十万……每书之后必载其行款，陈其异同，以见宋元之至善，教子孙以长守此，其意甚切，而其志甚远也。”（《铁琴铜剑楼藏书目录》序）[②]家族版本学因家族文献的意义由版本承载，不同的版本因校订的不同、刻书的质量，持续着意义的不断生成。即版本作为文献意义的形式，将家学在文献上的集合凝聚成版本的承载意义，而不同版本以外化将家学扩展开来，也就是说不同的版本所处的时段各异，会带上这一时段的特征，这特征会通过版本以家族文献内化为家学的意义，从而使家族版本学成为一个不断的意义生成过程，并成为版本学实用性不断生成的积极演变。

---

① （清）杨绍和，撰．楹书隅录初编·宋元明清书目题跋丛刊·清代卷 [M]. 北京：中华书局，2006 年，第 385 页．

② （清）瞿镛，撰．铁琴铜剑楼藏书目录·宋元明清书目题跋丛刊·清代卷 [M]. 北京：中华书局，2006 年，第 1 页．

第三节　依宋本以校本析版本学的整合性演变

宋本李鼎祚注易经由宋至清的完整保存，以原版呈现的普遍模式扩展为此易经版本的基准，而清依原版的校本，则整合了宋本由宋至清的所有版本意义。这样的整合将每一个时间阶段的版本学特征异中有同地统一在版本学的整体演变中，而不同时段的版本学意义融合于版本学的整体中，使版本学的演进因为意义的不断生成加强实用性而近代化。“宋元旧板，有关经史，实学，而世所鲜传者上也。……或宋元刊本，或旧写本，或前贤手校本，可与今本考证同异。”（张金吾《爱日精庐藏书志》自序）[①]从善本观来说，原版不一定优于校本，原版的价值也不在形式，而在其模式普遍化的意义，在普遍化的过程中，以模式的基准性融合不同时段的版本意义，校本则在将这些不同时段的版本意义整合致意义的不断生成。由此，原版、校本皆是善本。校本依原版的意义整合以原版到校本的线性展现版本学的趋前演变。

历代版本学皆重版本校理，由宋至清校理方法的日益完善，校本的日益精湛，以实际的有用性推动版本学的实用趋前。宋晁公武“公族之秀，专学好古，藏书富，遂以属之校正，固即其所藏之目参焉”（《郡斋读书志》

① （清）张金吾，撰．爱日精庐藏书志·宋元明清书目题跋丛刊·清代卷 [M]. 北京：中华书局，2006 年，第 273 页．

序）。[1]对所藏之书皆进行校理，“日夕躬以朱黄雠校误漏，每终篇辄撮其大旨论之，岂敢效王宋之博，所期者家声是继”（《郡斋读书志》序）。[2]以校本整合版本意义，再以家族版本学的形式前后相继，使版本意义以整合融入版本学的演进中。明朱睦㮮校理收集所得之书，“或写录或补缀”（《万卷堂家藏艺文自记》）[3]，更是以后世的版本意义对前代版本意义比较之后的整合，推动家族版本学的前进，趋同于版本学的整体性向前演变，说明版本校理的日趋成熟。

至清，版本校理已成为牢固的成熟体系，校法整饬，校本精美，校本以依原版的意义整合，推动版本学在整体下的实用性演变。杨绍和“于书肆得校本国语六册，系明翻宋刊本而为，陆敕先校……其校本之善，否极未取必也。……余因得陆敕先校本，从同年宾嵎蒋君借阅一过，继借得朱秋崖藏本。思传录一册……竭数夜之力而竣事”（《楹书隅录初编》序）。[4]陆敕先校本与朱秋崖藏本相互比较，辑出呈现原版，又整合不同时段版本意义的校本，从而成为家族版本学意义的承载。家族版本学因此以意义的集合，成为版本学实用整体演进的推动。再者，杨绍和以所得宋本孙可之文集十卷一册，与毛刻本互参，校出正误，以校本补宋本未完善之处，即

① （宋）晁公武撰，（宋）赵希弁，附志，考异．袁本昭德先生郡斋读书志·宋元明清书目题跋丛刊·宋代卷 [M]. 北京：中华书局，2006 年，第 3 页．

② （宋）晁公武撰，（宋）赵希弁，附志，考异．袁本昭德先生郡斋读书志·宋元明清书目题跋丛刊·宋代卷 [M]. 北京：中华书局，2006 年，第 3 页．

③ （明）朱睦㮮，撰．万卷堂书目·宋元明清书目题跋丛刊·明代卷 [M]. 北京：中华书局，2006 年，第 577 页．

④ （清）杨绍和，撰．楹书隅录初编·宋元明清书目题跋丛刊·清代卷 [M]. 北京：中华书局，2006 年，第 454 页．

宋本到校本的不同时段版本意义的整合，成为版本学实用性的整体。“宋刻孙可之文集，首尾完善，信称善本。……始竭一日之力，手为对勘。宋本实有胜于毛刻者。……卷中第二第三，宋本与毛本互易，自当以所见宋刻为是。宋刻亦有伪脱处，所谓无心之错。有红笔校正，悉与毛刻合，知错处自可悟会耳。此书从东城顾氏得来，内有红笔圈点，并评语，未知谁氏笔。今校宋刻，悉用墨笔，后之阅者可知所表异矣。”（《楹书隅录初编》集类）[①] 原版宋本与毛刻本的互校，可知宋本未必尽善，之后的校正增益了原版应有的时代意义，并因为与校正之时版本意义的整合，以历时的版本意义集合，使版本学实用性整体成为近代化演变的核心动力。

综上所述，宋本李鼎祚注易经从宋至清的流传由原版到校本，带着因故而新的进化，说明宋、元、明、清、近代，封建社会时期的版本学而来的近代版本学的新变与发展。宋版的正统与易用的并存，元代上承宋版，并带着异族简洁的元版，明代在崇古与新变环境中，即重善本宋刻，又发展版本技术，特别是通俗文化流行下，坊刻到家刻对通俗文学文献出版的热衷。接下来是清代的实证主义从经学依据考据的治世之法到大众文化文献的大量出版。继之而来的是近代转折阶段，版本技术的新发展与多样化促成的大众知识普及，从而说明宋、元、明、清，到近代，以实用为核心的近代化演变。

---

① （清）杨绍和，撰．楹书隅录初编·宋元明清书目题跋丛刊·清代卷 [M]. 北京：中华书局，2006 年，第 525 页．

第七章　图书馆古籍版本考证方法论

由以上古代版本学的研究，说明古代文献的版本是考察古代社会历史特征的重要依据。而由古代遗存下来的文献，即古籍，主要保存在图书馆，所以图书馆的古籍资源是治学的珍贵资料，而古籍的版本则是治学的重要依据。但图书馆古籍资源的使用往往存在版本信息缺失问题。比如出版时间、出版地点等，有的是出现出版地点，没有出版时间；有的出现出版时间，没有出版地点；有的，则两者皆缺乏。版本信息的不明确，造成读者使用的障碍，降低使用效率。所以版本的考证，版本的辑佚，是馆员必要的职责。但古籍年代久远，当时出版环境的丧失，时间抹去了一切可以印证版本的痕迹，所以现在版本的考证，困难重重。问题的解决只能是以现有的信息为条件，去还原版本，于是考证势在必行，而方法的研习是馆员首先要做的。方法的获得，以及之后的适用性，是版本考证的关键。版本的还原通常表现为辑佚缺失的信息，或者考辨版本的流传情况，异本之间的相互联系，由此还原出来的信息，可以让读者依据当时的出版环境，在古籍的阅读中，应和相应的学术环境，提高使用率。这个任务当然要由馆员来承担，馆员作为古籍资源的管理者，以补充和增加信息来完备资源，去满足读者的检索需求时，版本考证通过信息还原来提升已有信息的整体性，而考证方法的掌握是馆员心须要做的。方法是考证的先决条件，方法的正确性、适用性，决定考证能否成功还原版本信息。所以方法必须有通用性，无论是辑佚还是考辨，都可以使用，达到还原的目的，于是，方法是正确的。所以正确意味着适用，而且是整体的适用，由此引发出原则性，即方法通用的正确成为必须遵守的原则，而原则性又可以保证方法的准确使用。

而所有以上的强调都意在表明信息还原的辑佚、考辨是重中之重，其方法又是信息还原过程的调解器，持续的作用以及原则性的规范，让整个过程成为秩序性的延展，直至触及原初，并完整地呈现。既然还原的过程是呈现过程，呈现的完整决定着这个过程的整体性特征。整体性又必须以方法的准确的原则性来保证，因为原则性的不断持续是整体形成并可以存在的首要因素。于是，方法要成为可以适用的原则，以它的通用性排除还原过程中的一切障碍，让还原成为整体，必须具有持续的力量。而持续的动力，也就是说可以进行下去，没有间断，不会因为出现的问题让行动停止，甚至失败，最终无法还原，需要的是方法与整体性相应的条理清楚。只有条理清楚，才能有秩序性的持续动力，成为整体呈现的保证。所以馆员在研习版本辑佚、考辨的方法时，必须从这个角度来考虑，选取的方法要以兼顾的通用性为目的，从各种因素的联系这个途径来分析并获得可以适用的方法，即版本信息还原中的种种因素，无论是有利的还是不利的，都可以通过联系方式的分析，去除不利的，利用有利的，以留下的有利因素的重组，呈现还原的整体。这是版本考证方法的要义所在。

第一节 关联

古籍版本信息的缺失是在时间与地点上，所以辑佚、考辨的关键也在此。时间的纵向延展与地点的横向扩展的重要性决定其是版本信息的主要成分。出版时间是为了明确此版在版本学史发展中的时段定位，出版地点是为了明确此版在版本地理学中的地域定位。一部古籍的出版时间与地点是可以表明其在整个古典版本学中的地位与意义的标志性信息。所以这些信息是古籍可以验证自己身份的条件。如果信息缺失，古籍的身份认证受到阻碍，读者的阅读也会出现障碍，没有时间经度与地点纬度的定位，此书的信息量严重受损，自然读者获取的信息也要打折扣。而信息还原以达到信息表达完整的要求需要馆员做好辑佚、考辨工作，这又涉及方法的研习问题，版本信息本身的关联性特点即时间与地点的纵向与横向交织，决定其是两个不同的度的联系，这样的特性决定考证方法也要以联系性为解决问题的前在因素。

联系性看似简单，无非是版本信息的关系，实质上却颇复杂。版本的形成首先在一书的作者，书稿带着作者的特质进入出版社，这是第二个因素，出版社刻板的时间，这是第三个要素。出版社与刻板时间都依据书稿的作者，作者的意图是版本成形的最初因素，作者特质下的书稿特质决定了什么样的出版社，以及在什么时间刻板。也就是说，作者表现为治学成果的书稿是作者的标志，这样的标志会影响版本的形式，其中关键的时间与地点的成分要素因为这一标志，让版本的整体面貌呈现出这样的标志特征，且标志强化了版本的整体性。所以古籍中由作者所写的序跋是考证版本的重要信息。如果古籍中没有牌记记载时间与地点的版本信息，可以借助序跋依据作者与时地信息的关系，推断版本的情况。

以淮北师范大学图书馆藏陈澔著《礼记集注十卷》[①]为例，此版中并没有牌记说明刻书地点以及具体是什么时间，只在书前有陈澔的原序。序的写成时间是元至正壬戌，如果此版是元版，刻板时间应在至正壬戌之后，但没有其他信息可辅证这一推断。即使书函上题有“元版礼记集注”，但书商为利润随意涂改，不足为据。书外封题“礼记”，书前序题“礼记集注序”，但据四库所查《礼记集说十卷》，《礼记集注》序的内容与整部书的内容都与此是一致的，可见此版并非《礼记集注》，而是《礼记集说》，序前所题“礼记集注序”是书商有意为之，假意名家的又一著作，吸引购买者。此一条已见此版并非精本，而收藏者的题记可进一步证明。收藏者筱珊在收藏记中说“书非精刻”。既然书非精本，元刊原版的可能性就很小了。到此，由作者原序引发的版本考证，依据各种信息以作者特质为基础的关联性，还原了部分可以呈现的版本信息。接下来，仍然是沿着这样的关联性继续寻找可以推断版本的线索。瞿镛的《铁琴铜剑楼藏书目录》经部礼卷四记载，“《礼记集说十六卷》元刊本”[②]，可以确证此十卷本并非元版。既然不是元版，还可能是明版，但瞿镛所记明刊本，一部是十卷的巾箱本，一部是三十卷本，都与此版不符，可以推断也不是明版。收

① （元）陈澔，著 . 礼记集注十卷 [M]. 清初刻本 .

② （清）瞿镛，撰 . 铁琴铜剑楼藏书目录·宋元明清书目题跋丛刊·清代卷 [M]. 北京：中华书局，2006 年，第 66 页 .

藏记的说明可以印证这个推断。“元否不可知，但非明中叶以后镌刻。”异本相异的联系性成为鉴别版本可以利用的依据，异本不同特征的比较性联系，抽绎出有价值的信息，助力版本的还原。既然并非元版，也不是明版，则可能性最大的是清版。收藏记中说：“书眉上诸批皆言其节之主旨，盖为制义参考，近于讲章。”书眉批注是士子应试之用，应为清初士子所写，到此，此版应是清初刻本。围绕此版由作者引发的相互关联的各种因素，依据联系性质的不同，即还原版本重要性的不同，一步步地延展出需要呈现的信息，指向最终的版本整体。元版、明版一个接一个的信息出现与排除，都是联系的不同方式的分析与选择，一次次联系特质的正确选择，得出最后应有的结果。

再以屈原等撰《楚辞十七卷》① 为例，此籍有两个版本，一是同治十一年（1872）金陵书局刻本，另一版版本信息缺失。还原版本的依据，除了此版本身的信息，即是同治本相异的关联性。清刻本有王世祯跋，跋末有“凌毓枫校”字样，跋后有刘勰辨骚，同治本无。通过异本的比较，可以区分关联性分析，既然同治本缺少这些信息，可见清刻本版本较优。而卷一《离骚》“汩余若将弗及兮”（清刻本），“汩余若将不及兮”（同治本），“弗”与“不”的不同，同治本异字俗化，可以推断清刻本的刻板时间应在同治之前。由信息的详略到异字的俗化，之所以可以断定清刻本的时间，是因为时间的流逝，也会让信息流失，所以同治本不及清刻本的信息详细，再者异字俗化也是时间的作用，在此纵向的关联引出了版本的顺序，清刻本的时间在同治本之前。

---

① （战国）屈原等，撰.楚辞十七卷[M].同治十一年（1872）金陵书局刻本，清刻本.

有的版本地点信息并未缺失，缺少的是版本时间。两个维度少一个，版本依然无法定位，即版本不能以整体呈现。只有地点的横向扩展，没有时间的纵向延展，失去了两个维度的相互作用，信息僵死，无法表达可以助力古籍使用的活力，则读者的阅读会因为信息缺失造成的信息积极活动不能持续进行，而减少获得的信息量，甚至无法获得所需信息。所以只有地点的版本信息不能视为可用信息，维度的缺失造成关联性的缺失，没有关联，即没有可以相互作用的信息表达，也可以说是没有可以使用的，有价值的版本信息，接着是阅读信息的无法顺利获得。所以要让版本信息能呈现整体的价值，就要补足维度，还原时间，让地点与时间通过横向与纵向交织的关联，使版本重新获得可以使用的标志。

以丁度等编《集韵》[①] 为例，述古堂影宋抄本缺少时间。用 1983 年影印的宋刻本去比对此本，卷一韵例“因法言旧说为刊益”（述古堂本），“因法言就为刊益”（影印宋刻本），“旧说”，“就”的异字，可见述古堂本用词俗化，简单明了，应为民国间影宋抄本。时间的推断来自异本比较关联所得的信息，异字的俗化，以宋刻本的严谨比对出此本的实用性。而实用的趋向正是和民国的近代版本环境相应的。民国的近代化，带给版本学的是普遍的适用性，版本信息指向的不仅是治学者，更是大众阅读，于是简洁的行文成为大多数所需，这给予版本的是可以普通化的实用特征。而此籍的版本信息正符合这一特征，所以版本学史的某一阶段形成的版本环境特征可以关联出古籍的版本信息。述古堂本《集韵》版本的时间推断是最好的说明。

① （宋）丁度等，编 . 集韵 [M]. 述古堂影宋钞本 .

再以管仲撰，房玄龄注，《管子二十四卷》[①] 为例，有上海涵芬楼影印宋本，民国七年（1918）育文书局石印本。涵芬楼本缺少时间信息，以异本比较关联的方法，把两个版本比对。涵芬楼本有宋甲申杨忱序，民国本有万历壬午赵用贤序，可见民国本是据万历本刊，涵芬楼本是影宋本。两者所据明本与宋本的不同，可以成为断定版本的条件，据此可能涵芬楼本时间早于民国本。接下来目录卷十篇题的比对，“叅患第二十八”（涵芬楼本），“参患第二十八”（民国本），“叅”与“参”的相异，可知民国本用字俗化，而涵芬楼本用字较之严谨，可以进一步证明涵芬楼本时间早于民国本，且从异字的不同特征所见的不同版本风格，可以印证两个版本处于不同时段的版本学环境，民国本是在民国普遍实用的版本学环境中，而涵芬楼本的严整则应和了清末的版本学环境。由此推断涵芬楼本是清末版本。

第二节　参照

古籍版本的考证不只在版本辑佚所需要的时间、地点版本信息的补足上，还有另外的重要作用，即版本流传情况的考辨。在时间、地点的版本信息完备的条件下，版本的整体依然需要更多信息的增加，这就是版本考辨对版本潜在的不同特质的挖掘，这些特质信息的外化表达，有助于版本

① （周）管仲撰，（唐）房玄龄，注 . 管子二十四卷 [M]. 上海涵芬楼影印宋本，民国七年（1918）育文书局石印本 .

整体性的加强。特别是一书异本的相互关联性，如纵向的版本前与后，横向的地点并存的关联，可以梳理出一书的不同版本前后相继的流传过程，这个过程涉及此籍相关的学术的流变，即异本的流传实现的信息追加，可以印证相关学术的演变情况。而这对读者的阅读来说，无疑是至关重要的。

版本流传的考辨重在异本关联性的分析，其方法是一本以另一本为参照，也就是说以一本为据，通过同类成分的比对，找出异本之间关联的方式，即关系特征，然后以此特征界定版本流传过程的特性。之所以是参照，即以一本为镜，去映照另一本，被映照的版本，其各种信息因为与参照本相应信息的比对，使其在镜中呈现出往往比自身更清晰的面貌，也就是说，因为参照性的比对，让目标版本的潜在信息凸显出来。而作为参照的版本，同样可以通过与异本的比较，发掘出自身的潜在信息。于是不同版本相应的信息增加，可以改变之前的异本关联性，即显见的已有关联并不一定可以说明一书的版本流变，而参照之后呈现的版本关联，可以准确界定版本流传过程的特征。

以王引之著、王启湘点勘的《经传释词十卷》[①] 为例，有民国十三年（1924）上海文瑞楼本，民国十七年（1928）成都书局校印本。文瑞楼本有王启湘序，嘉庆二十四年阮元序，成都书局本无。可见两版不是据同一版本刊刻。而成都书局本辛丑钱熙祚跋中说："原本行世颇少，惟一刻于《皇清经解》，故为重校付梓。"进一步说明成都书局本是据原版重刻。而文瑞楼本是王启湘参照各种异本再行校勘的。此两本的参照，是以序跋为依

① （清）王引之著，王启湘，点勘．经传释词十卷 [M]. 民国十三年（1924）上海文瑞楼本，民国十七年（1928）成都书局校印本．

据，以文瑞楼本的序作为参照物，印证出两本出于不同的版源。而成都书局的跋说明其版出于原版，进一步印证两版版源的不同，以及前后的相继，成都书局本的版本为源，而文瑞楼本是原版之后各种版本的汇合，也可以说是总结。于是源与果的关系明确说明了《经传释词十卷》版本演变过程的特征。

再以梁章钜编《退庵随笔》为例，有道光丙申年（1836）刻本，同治十一年刻本。同治本梁章钜自记，“乃以稿自随，去岁过关中，遂为友人付梓。……公复道光十七年（1837）有勘补，扩为十五门二十二卷，重付手民”[①]。可知同治本是据道光十七年本重刊，而道光十七年本前一年的道光丙申本应是原版。这样的相互参照明确了两版源与流的关系。而同治本由梁章钜子梁恭辰补刊，孙梁俦年校，进一步说明家集在流传过程中，会因为族裔前后相继的持续努力，保持它的家族特征，也在印证家族的演变过程，于是一部家集会在时间的前行中以不同的版本不断增加具有家族特征的信息。而异本的流变过程，对读者研究一个家族的家学无疑是非常有益的。

再以李元度撰《国朝先正事略六十卷》[②]为例，有三种版本，一是光绪壬寅年(1902)夏益元书局重刊本，二是光绪壬寅年上海天章书局石印本，三是上海中华书局据原刻本重刊。夏益元书局本目录末有“平江孔广心澄斋，杨存蔚玠生，湘阴蒋恭镒东观校订”字样。而且夏益元书局本卷一卷

---

① （清）梁章钜，编 . 退庵随笔 [M]. 道光丙申年（1836）刻本，同治十一年（1871）刻本 .

② （清）李元度，撰 . 国朝先正事略六十卷 [M]. 光绪壬寅年（1902）夏益元书局重刊本，光绪壬寅年（1902）上海天章书局石印本，上海中华书局据原刻本重刊 .

端有“平江李元度次青纂”字样，与中华书局据原刻本的校刊本卷一卷端的字样相同，而天章书局本的卷一卷端除此之外，还有“白下康锡勋祝三重校”字样，可知，既然中华书局本是据原刻本的校刊本，而与其卷一卷端字样相同的夏益元书局本也是据原刻本由平江孔澄等三人校订而成，另外的天章书局本则是另据他本三次校订才刊。以卷首题字的相互参照，抽理出来的版本顺序，原版到校本，到重校本，说明了此籍在流传过程中，经过了相关学术的学者以校订的方式增加版本信息，同时增加学术研究信息的演变。而对版本流变过程的说明，是让读者顺利了解学术演变过程的前在条件。

在版本相互参照的考辨中，以一本为参照，通常此本是版本时间靠前的版本，而另一本与此本的比对，得出的结果不一定是前后相继的版本持续性，也就是说，据被参照本得出的目标版本的版本信息不一定是和被参照本前后连接的，可以是另据它本的结果，以此说明了版本流传的复杂性，并不是一线的直接，其中会有断裂的重组，直至另辟他途的改变。

以刘安著，高诱注《淮南鸿烈解》[①] 为例，有明万历乙未（1595）吴郡张维城家塾刻本，另外一版版本信息缺失。以淮北师范大学图书馆所藏古籍绝大多数是清本为据，暂设此版是清刻本。由明本到清本，自然会推想清本是据明本而来。但事实并非如此。明本有吴郡张世伟序，歙县汪一鸾序，且卷一卷端有“汪一鸾订”字样，而清刻本并无此字样，且有高诱原序，明本却无此序。可以推想清刻本并不是据明本而出。接下来书中内

① （汉）刘安著，高诱，注．淮南鸿烈解 [M]. 明万历乙未（1595）吴郡张维城家塾刻本，清刻本．

容确证了这一推断。卷一原道训：“包裹天地，禀授无形。”下注：“万物之未形者，皆生于道，故曰禀授无形也。”（万历本）“万物之未形者，生于道。”（清刻本）此句注释清刻本与万历本的过大差异，说明清刻本不是据明本所出，而是另据他本。这个他本可以是在明本之前的元版，也可以是在清刻本之前的另一清刻本。而清刻本的行文简单明了，字句俗化，则说明其是清末刻本，在它之前还有另外的清刻本，清末刻本应是据之前的清刻本而来。这样的版本流传事实，明确了版本流传的复杂性，不是一线的持续，会有断裂，会有改变，而正因为这样的多变性通过版本参照才凸显出来，才能让读者有机会认清版本流变的真正面貌。

第三节　界定

古籍的考证以版本还原为目的，依据已有版本信息的不同关系特质引发潜在信息的发掘，达到版本整体的呈现，无论是关联还是参照的方法都是以联系性为条件，通过比较，进行版本考证。这两种方法无疑是行之有效的，但为了补足方法的使用率，以方法的多样性实现版本信息还原的高概率，从关系性出发，在比较之外，以标准的界定，另辟版本考证的他法。即以实际存在的版本情况为基础，界定版本判断的标准，以标准对应目标版本信息，界定出目标版本的标志，而目标版本信息是否符合标准，以及符合怎样的标准，是界定出版本标志的关键。之所以是界定，首先是标准的形成，标准是对现实正确分析之后，归纳总结出的规律性原则。然后是原则的实行，以原则性为尺度进行衡量，目标信息是否在这个度内，是其能否被正确标志的条件。也就是说，标准的界定划出若干范围，以这些范围区分版本信息，让目标版本信息进入合适的范围，即有正确的类属。所界定的版本考证方法，也可以说是归类的方法。

依据淮北师范大学图书馆所藏古籍资源绝大多数是清本的实际情况，通过诸多清本的比对，发现在版式上，清初顺康的刻板飞动、有力，呈现出宏大的气势，雍正时的刻板规整，乾隆时雅正，嘉道时谨肃，光绪末期则简洁、整齐。不同的刻板风格体现了清版与有清一代演变轨迹的一致。顺康时期通过建国之初的休养生息，到康熙帝的励精图治，出现一代的初兴的之象，清版作为表达，形成了气势飞动的版风。接下来雍正帝的严苛治国，积累国资，国力日强，国事有序，中规中矩，则板风也以规整进行了表达。而乾隆时在之前丰厚国资基础上的进一步发展，呈现被人称颂的盛世景象，而此时的一切行事表现出大国应有的稳定与从容，故版风也以雅正进行着表达。之后嘉道的盛极而衰，期望以严谨、力行扭转颓势，刻板也以谨肃的风格做着同样的努力。而光绪末期的复杂环境带来的近代化的日趋明确，版风也以简洁、整齐表达着近代化的要求。清版上述时段性的标志，可以作为界定版本的依据。版本时间缺失的目标版本，从版式上去对应清版不同时段的版风，与某一时段的版风一致，则可以以此版风标识目标版本，断定版本时间。

以康熙御制《康熙字典》[①] 的不同时段的版本为例，可以印证清版版风的时段性变化。有康熙五十五年（1716）刻本，道光七年（1827）重刻本，

① （清）康熙，御制．康熙字典 [M]. 康熙五十五年（1716）刻本，道光七年（1827）重刻本，光绪甲辰年（1904）上海文星书局石印本．

光绪甲辰年（1904）上海文星书局石印本。康熙本道光重刻本皆有康熙御制序，且道光重刻本有道光七年王引之重刊序。但之后的清末光绪本并不是据道光重刻本而来，而是据康熙本而成。“检字四画，壬、士部”（康熙本），“检字四画，壬、土部”（道光重刻本），“检字四画，壬、士部”（光绪本），“士”字光绪本与康熙本的相同，与道光重刻本“土”字的不同，可以引证。从版风来说，康熙本字体大气、有力。而光绪本虽然是据康熙本而来，但版风相差很大，版式简洁、整齐。道光的重刻本则符合嘉道时的谨肃版风。

由此，以清版的不同时段的版风去界定目标版本的时间是可行的。以孔尚任撰《桃花扇》为例[①]，有两个版本，一是坊间巾箱本，另一个版本信息缺失。巾箱本卷一卷端有“云亭山人编”字样，卷四末，云亭山人漫述：“桃花扇钞本，久而漶灭……游东鲁，退予舍，索钞本读之，……倾囊五十金，付之梓人。”可以推断巾箱本是云亭山人康熙己卯据钞本刊刻。而另一本无此云亭山人漫述，推断时间较晚，所据之本也不是巾箱本，是另据他本。再从版式来看，符合清末简洁、整齐的版风，应是清末刻本。

综上所述，古籍版本的考证，无论是辑佚，还是考辨，都以已有版本信息的关系为条件，通过相互联系的不同方式到不同性质，决定不同考证方法，关联、参照或是界定，以联系性的比较或尺度性的标志，以显见的版本信息为据，挖掘潜在的版本信息，最终还原出版本的整体。

---

① （清）孔尚任，撰. 桃花扇 [M]. 坊间巾箱本，清刻本.

结　语

古代版本学的研究从版本学产生的源头，即原因入手，论证版本学对人类活动表征作用的源起，即从一开始版本学就在表达人类活动信息的有序，接下来沿着这个思路继续往前，即符号表征的有序，但符号在改变，由单个的符号到符号排列再到符号组织，版本学的表征作用在逐步扩大。于是接下来版本学的发展，由结绳、陶文到甲骨文，到简帛到纸写本，到刻板，到排版，都在以符号组织的变化，说明版本学表征作用的变化，即版本学与社会发展信息关系的变化。由此，从分析版本学史表征社会发展史作用的演进，论证版本学发展的本质，即分散趋向统一，从无序中寻求有序。

古代版本学依据前后连接的时间阶段的演进过程，由历史发展，是前后连续的不同时代特征联系而成的版本学发展史。遵循分散到统一的原则，整个版本学的发展史是努力于把分散变成统一的历史过程。先秦的分散、统一到分散，秦汉的统一、魏晋南北朝的分散、隋唐的统一，宋元的统一，明清的统一，民国的近代化，递进的整个历史演进过程，说明古代版本学的阶段发展以对时代特征的回应，与社会趋向统一的发展相一致。

古代版本学的研究，说明古代文献的版本是考察古代社会历史特征的重要依据。而由古代遗存下来的文献，即古籍，主要保存在图书馆，所以图书馆的古籍资源是治学的珍贵资料，而古籍的版本则是治学的重要依据。由此图书馆古籍版本的考证在提高古籍使用效率上起到重要的作用。

参考文献

[1]（周）管仲撰，（唐）房玄龄注，（明）刘绩，增注.管子·二十二子[M].上海：上海古籍出版社，1985年.

[2]杨凤斌，译注.论语译注[M].北京：北京大学出版社，2016年.

[3]（东汉）何休，解诂.春秋公羊传解诂[M].北京：北京图书馆出版社，2003年.

[4]（汉）班固撰，（唐）颜师古，注.汉书·二十四史[M].北京：中华书局，1999年.

[5]（晋）陈寿撰，（南朝宋）裴松之，注.三国志·二十四史[M].北京：中华书局，1999年.

[6]（唐）房玄龄等，撰.晋书·二十四史[M].北京：中华书局，1999年.

[7]（梁）沈约，撰.宋书·二十四史[M].北京：中华书局，1999年.

[8]（梁）萧子显，撰.南齐书·二十四史[M].北京：中华书局，1999年.

[9]（唐）姚思廉，撰.梁书·二十四史[M].北京：中华书局，1999年.

[10]（唐）姚思廉，撰.陈书·二十四史[M].北京：中华书局，1999年.

[11]（北齐）魏收，撰.魏书·二十四史[M].北京：中华书局，1999年.

[12]（唐）李百药，撰.北齐·二十四史[M].北京：中华书局，1999年.

[13]（唐）令狐德棻，撰.周书·二十四史[M].北京：中华书局，1999年.

[14]（唐）魏征，撰.隋书·二十四史[M].北京：中华书局，1999年.

[15]（后晋）刘昫等，撰.旧唐书·二十四史[M].北京：中华书局，1999年.

［16］（元）脱脱，撰 . 宋史・二十四史 [M]. 北京：中华书局，1999 年 .

［17］（宋）尤袤，撰 . 遂初堂书目・宋元明清书目题跋丛刊・宋代卷 [M]. 北京：中华书局，2006 年 .

［18］（宋）陈骙等撰，赵士炜，辑考 . 中兴馆阁书目辑考・宋元明清书目题跋丛刊・宋代卷 [M]. 北京：中华书局，2006 年 .

［19］（宋）王尧臣等撰，（清）钱东垣等，辑释 . 崇文总目・宋元明清书目题跋丛刊・宋代卷 [M]. 北京：中华书局，2006 年 .

［20］（宋）晁公武撰，（宋）姚应绩编，（清）王先谦，校 . 衢本郡斋读书志・宋元明清书目题跋丛刊・宋代卷 [M]. 北京：中华书局，2006 年 .

［21］（宋）晁公武撰，（宋）赵希弁，附志，考异 . 袁本昭德先生郡斋读书志・宋元明清书目题跋丛刊・宋代卷 [M]. 北京：中华书局，2006 年 .

［22］（元）胡师安等，撰 . 元西湖书院重整书目・宋元明清书目题跋丛刊・元代卷 [M]. 北京：中华书局，2006 年 .

［23］（元）马端临，撰 . 文献通考・经籍考・宋元明清书目题跋丛刊・元代卷 [M]. 北京：中华书局，2006 年 .

［24］（元）钟嗣成，撰 . 录鬼簿・宋元明清书目题跋丛刊・元代卷 [M]. 北京：中华书局，2006 年 .

［25］（明）朱睦㮮，撰 . 万卷堂书目・宋元明清书目题跋丛刊・明代卷 [M]. 北京：中华书局，2006 年 .

［26］（明）钱溥，撰 . 秘阁书目・宋元明清书目题跋丛刊・明代卷 [M]. 北京：中华书局，2006 年 .

［27］（明）王圻，撰 . 续文献通考・经籍考・宋元明清书目题跋丛刊・明代卷 [M]. 北京：中华书局，2006 年 .

［28］（明）曹学佺，撰 . 蜀中广记・著作记・宋元明清书目题跋丛刊・明代卷 [M]. 北京：中华书局，2006 年 .

［29］（明）徐𤊹，撰 . 徐氏家藏书目・宋元明清书目题跋丛刊・明代卷 [M]. 北京：

中华书局，2006 年 .

[30] （明）毛晋，撰 . 隐湖题跋 · 宋元明清书目题跋丛刊 · 明代卷 [M]. 北京：中华书局，2006 年 .

[31]（清）钱谦益，撰 . 绛云楼题跋 · 宋元明清书目题跋丛刊 · 清代卷 [M]. 北京：中华书局，2006 年 .

[32]（清）钱曾撰，章钰，校证 . 钱遵王读书敏求记校证 · 宋元明清书目题跋丛刊 · 清代卷 [M]. 北京：中华书局，2006 年 .

[33]（清）顾广圻，撰 . 思适斋书跋 · 宋元明清书目题跋丛刊 · 清代卷 [M]. 北京：中华书局，2006 年 .

[34]（清）顾广圻，撰 . 百宋一廛赋 · 宋元明清书目题跋丛刊 · 清代卷 [M]. 北京：中华书局，2006 年 .

[35]（清）黄丕烈，撰 . 百宋一廛书录 · 宋元明清书目题跋丛刊 · 清代卷 [M]. 北京：中华书局，2006 年 .

[36]（清）黄丕烈，撰 . 荛圃藏书题识 · 宋元明清书目题跋丛刊 · 清代卷 [M]. 北京：中华书局，2006 年 .

[37]（清）黄丕烈，撰 . 荛圃藏书题识续录 · 宋元明清书目题跋丛刊 · 清代卷 [M]. 北京：中华书局，2006 年 .

[38]（清）吴寿阳撰 . 拜经楼藏书题跋记 · 宋元明清书目题跋丛刊 · 清代卷 [M]. 北京：中华书局，2006 年 .

[39]（清）陆心源，撰 . 皕宋楼读书志 · 宋元明清书目题跋丛刊 · 清代卷 [M]. 北京：中华书局，2006 年 .

[40]（清）陆心源，撰 . 皕宋楼续志 · 宋元明清书目题跋丛刊 · 清代卷 [M]. 北京：中华书局，2006 年 .

[41]（清）丁丙，撰 . 善本书室藏书志 · 宋元明清书目题跋丛刊 · 清代卷 [M]. 北京：中华书局，2006 年 .

[42]（清）耿文光，撰 . 万卷精华楼藏书记 · 宋元明清书目题跋丛刊 · 清代卷

[M]. 北京：中华书局，2006 年 .

［43］（清）瞿镛，撰 . 铁琴铜剑楼藏书目录・宋元明清书目题跋丛刊・清代卷 [M]. 北京：中华书局，2006 年 .

［44］（清）张金吾，撰 . 爱日精庐藏书志・宋元明清书目题跋丛刊・清代卷 [M]. 北京：中华书局，2006 年 .

［45］（清）杨绍和，撰 . 楹书隅录初编・宋元明清书目题跋丛刊・清代卷 [M]. 北京：中华书局，2006 年 .

［46］（清）沈德寿，撰 . 抱经楼藏书志・宋元明清书目题跋丛刊・清代卷 [M]. 北京：中华书局，2006 年 .

［47］（清）杨守敬，撰 . 经籍访古志补・宋元明清书目题跋丛刊・清代卷 [M]. 北京：中华书局，2006 年 .

［48］（清）杨守敬，撰 . 日本访书志・宋元明清书目题跋丛刊・清代卷 [M]. 北京：中华书局，2006 年 .

［49］（周）管仲撰，（唐）房玄龄，注 . 管子二十四卷 [M]. 上海涵芬楼影印宋本，民国七年（1918）育文书局石印本 .

［50］（战国）屈原等，撰 . 楚辞十七卷 [M]. 同治十一年（1872）金陵书局刻本，清刻本 .

［51］（汉）刘安著，高诱，注 . 淮南鸿烈解 [M]. 明万历乙未（1595）吴郡张维城家塾刻本，清刻本 .

［52］（宋）丁度等，编 . 集韵 [M]. 述古堂影宋钞本 .

［53］（元）陈澔，著 . 礼记集注十卷 [M]. 清初刻本 .

［54］（清）康熙，御制 . 康熙字典 [M]. 康熙五十五年（1716）刻本，道光七年（1827）重刻本，光绪甲辰年（1904）上海文星书局石印本 .

［55］（清）孔尚任，撰 . 桃花扇 [M]. 坊间巾箱本，清刻本 .

［56］（清）王引之著，王启湘，点勘 . 经传释词十卷 [M]. 民国十三年（1924）上海文瑞楼本，民国十七年（1928）成都书局校印本 .

[57]（清）梁章钜，编．退庵随笔 [M]. 道光丙申年（1836）刻本，同治十一年（1871）刻本．

[58]（清）李元度，撰．国朝先正事略六十卷 [M]. 光绪壬寅年（1902）夏益元书局重刊本，光绪壬寅年（1902）上海天章书局石印本，上海中华书局据原刻本重刊．

[59]（民国）叶德辉，撰．书林清话 [M].1917 年观古堂刊行．

[60] 曹之，著．中国古籍版本学 [M]. 武汉：武汉大学出版社，2015 年．

[61] 曹之，著．中国古籍编撰史 [M]. 武汉：武汉大学出版社，2015 年．

[62] 沈燮元，著．沈燮元文集 [M]. 北京：国家图书馆出版社，2018 年．